그린 챌린지:
한국환경보고서 2018

그 린 챌린지

한국 환경 보고서

2018

GREEN CHALLENGE

녹색사회연구소 지음

도시공원 일몰제, 도시공원이 사라진다

2020년 7월 1일이 되면 10년 이상 장기 미집행 도시공원은 도시계획시설에서 해제된다. 서울시의 경우 도시공원 40% 이상이 사라진다. 이 시나리오는 3년이 채 남지 않은 미래의 우리 사회의 현실이 될 것이다.

500년 숲을 베어놓고 친환경올림픽?

남한 최고의 원시림으로 평가되는 가리왕산의 500년 넘은 나무들이, 벌목 작업 1주일 만에 산림유전자원보호구역으로 지정된 해발 1000미터 이상 지역에서 대부분 벌목됐다.

미군기지 오염 정보 공개

발암물질로 오염된 부평 미군기지, 발암물질 벤젠으로 오염된 용산 미군기지 등 반환 협상 중인 미군기지의 환경오염 정보의 뚜껑이 열렸다. 지금 성주 싸드 부지는 '선 사드 배치, 후 환경영향평가' 상황이다.

4대강 보 개방과 물 관리 일원화

10년 동안의 4대강 잔혹사를 끝내고, 회복을 모색하는 시기이다. 새로운 정치 기회 구조는 4대강 사업 문제를 중점적으로 풀어낼 것을 촉구하고 있다.

신고리 5,6호기 공론화와 탈원전

공론화에 부쳐, 공사 재개 결과가 나온 신고리 5·6호기를 제외하고, 나머지 탈원전 공약을 제8차 전력수급기본계획에 반영하였다. 더 이상 대한민국에서 새롭게 원전이 착공되는 일이 발생하지 않는 성과를 탈핵 운동이 낸 것이다.

국립공원 50주년, 조각나고 위태로운 국립공원

녹색연합이 2017년 연구한 결과에 따르면 우리나라 산악형 국립공원 16개소의 조각화는 매우 심각하다. 도로와 탐방로로 인해 총 2,124개 조각으로 잘게 쪼개어져 있으며 이를 연결한 총 길이는 2,327.46킬로미터다.

녹색 행동은 생존을 위한 행동이다

최종덕 녹색사회연구소 소장

올해의 『그린챌린지: 한국환경보고서』도 어김없이 지나온 환경 이슈를 되짚으며 그 미래의 전망을 헤아린다. 오늘의 한국 사회는 경쟁과 독식, 비리와 불평등의 횡포가 난무하고 있다. 우리의 산하와 나의 몸은 조금씩이지만 급속히 붕괴되고 있다. 이제 생존은 공짜로 주어지지 않으며, 생존을 위한 행동을 통해서 가능하다. 그런 생존 행동을 녹색 행동이라 부른다. 이 책은 녹색 행동의 도전을 제시하고 있다. 녹색 행동의 도전이 바로 이 책의 표제인 그린 챌린지이다. 한반도에 사는 우리들 생존의 문제가 그린챌린지의 중심에 놓여 있다.

『그린 챌린지 2018』은 18개 꼭지로 구성된 이슈와 그 전망

머리말

을 정리해 주었다. 18개 이슈 하나하나의 문제와 그 의식은 다르지만 관점은 한결같다. 그 관점은 두 방향에서 볼 수 있다. 하나는 "원인이 보이지 않는다고 해서 없는 것은 아니다"라는 생각의 방향이다. 다른 하나는 "자연재해도 실제로는 인재다"라는 생각의 방향이다.

이 책을 읽는 생각 1: "원인이 보이지 않는다고 해서 없는 것이 아니다" —— 상관관계와 인과관계

2017년 7월 안동호 상류에서 물고기 1만 7천여 마리가 떼죽음을 당한 생태 재앙이 일어났었다. 물고기 떼죽음과 영풍석포제련소 중금속 오니 방류 사이에는 분명한 상관관계가 있지만 법정에 세울 만한 직접 인과관계가 밝혀지지 않았다고 해서 그 사건은 그냥 흘러가고 말았다. 설악산케이블카 사업 강행은 각 지자체 전체로 이어지고 산과 더불어 사는 사람들의 허무함을 가져올 것이 불을 보듯 뻔하다. 그런데도 불구하고 상관성은 있어도 인과관계는 없다며 모른 척하는 가운데 우리 산하는 다 망가져 가고 있다. 대도시 지하수의 급격한 변동은 증가하는 고층 건물 건설과 지하공간 개발에 밀접하게 상관되어 있지만 그 사이에 분명한 인과관계가 없다고 해서 정책 당국자는 그냥 방치하고 있다. 특히 핵발전소 사고로 인한, 주변 사람을 포함한 생태계 파멸은 방사능과 확실한 상관관계가 있음에도 불구하고 직접적인 인과관계가 밝혀져 있지 않다고 해서 오늘도 여전히 핵발전소 건립을 추진하고 있다. 후쿠시마의 잔흔이 여전한데도 말이다. 미세먼지나 화학제품에 의한 피해 상황은 말할 것도 없다.

환경 문제는 원인과 결과 사이, 즉 환경 파괴의 피해나 재앙의 결과와 그런 사태를 일으킨 원인 사이에 분명하고도 가시적이며 직접적인 인과관계를 쉽게 찾을 수 없기 때문에 어렵다. 대부분의 경제 논리나 법적 장치 안에서는 직접적 인과관계만을 준거로 할 뿐이며 간접적이고 우회적인 상관관계를 무시한다. 그러다 보니 환경 재앙의 원인이 거의 분명한데도 불구하고 그 재앙을 일으킨 환경 범죄자나 이해관계에 얽힌 집단은 간접적 원인이나 상관적 관계를 일부러 모른 척하고 미사여구를 동원하여 현실을 왜곡한다. 이들은 '피해의 위협이 있을 경우 이 위협에 대해 과학적 확실성이 없다고 하더라도 환경 피해를 방지하기 위한 조치를 취하지 않을 수는 없다'는 사전 예방의 원칙을 간과한다.

다시 말하지만, "원인이 보이지 않는다고 해서 없는 것은 아니다." 그래서 환경 문제는 인과관계에 제한되지 않고 상관관계에 기반한 경제적·법적 장치로 해석되어야 한다. 이런 생각으로 이 책을 읽으면 그린 챌린지의 색깔이 선명해진다.

리진북

이 책을 읽는 생각 2: "자연재해처럼 보이지만 실제로는 인재다" ─ 욕심과 비리

환경 사고는 자연재해를 동반할 경우 더욱 거대해지고 치명적인 것이 된다. 또한 과학의 힘으로 만들어 낸 물질과 기술들은 그 완전성과 안전성을 확신할 수는 없다. 게다가 핵발전소가 기술적으로 아무리 안전하다고 주장한들 그 발전소를 운영하고 관리하는 사람들이 비리를 저지르면 기술적 안전 장치는 무용지물이다. 그 결과는 끔찍할 것이다. 화학물질이 안전하다고 아무리 떠들어봐야 그 물질을 합성한 사람이 다른 용도로 사용하거나 안전을 무시한 채 돈벌이로만 상품을 만든다면 치명적 독이 되고 만다. 유전자가위 기술이 아무리 완벽하다고 한들 가위질 하는 사람이 허튼 경쟁심과 명예욕에 빠진다면 4차 산업으로 각광받는 유전자 교정의 결과는 4차 프랑켄슈타인을 낳을 뿐이다. 환경 파괴의 주범은 자연이 아니라 인간이다. 특히 4대강은 그 설계에서부터 복원에 이르기까지 인재의 연속이다. 정비 사업이라는 명분으로 막개발한 4대강의 폐해는 장마나 태풍도 아니고 가뭄도 아니며 굽이 흐르는 물길에서 온 것도 아니다. 최악의 폐해는 돈에 눈이 먼 몇몇 개발론자들이 저지른 전형적인 인재의 결과일 뿐이다.

이 책의 꼭지 하나마다 분명한 이슈를 담고 있다. 그런 이슈를 풀어내기 위하여 비리로 이어지는 인간의 욕망을 직시해야한다. 나는 그 꼭지 가운데 하나인, 가리왕산에서 500년을 지낸

두 사람 아름드리 크기의 들메나무가 한 톱날에 베어진 묘사를 읽으면서 눈물이 났다. 그러나 곧 눈물을 훔쳐냈다. 주변의 환경 파괴, 그 수많은 현장과 사건들, 그 어느 것 하나 눈물 나지 않을 것이 없기 때문이었다. 슬퍼할 때가 아니라 행동할 때이다. 이 책은 그런 녹색 도전을 실감나게 보여주고 있다.

2018년 3월 22일 세계 물의 날을 맞아
녹색사회연구소

Contents

1부

특집:
2018년
녹색 포커스

개헌, 어떻게 대응해야 할까?
개헌은 판도라의 상자를 여는 것과 같으니
하더라도 신중하게 추진하자는 의견이 있다.
옳은 말이다.
하지만 현실 정치가
그 희망대로 전개되지 않을 수 있다.
개헌 논의가 급물살을 탈 수도 있다.
그럴 때에라도 녹색 시민들은
소신 있게 발언하자.
개헌, 한다면
녹색 헌법으로 하자.

1

개헌,
녹색 헌법으로

이성민 대화문화아카데미 연구원

개헌, 어떻게 대응해야 할까?

2018년은 대통령과 유력 정당들이 개헌을 추진하는 해이다. 대통령은 2017년 11월 1일 국회 시정연설과 2018년 1월 10일 신년 기자회견에서 2018년 6월 지방선거와 함께 개헌 국민투표를 하겠다는 의지를 다시 밝혔다. 국회도 2017년에 약 1년간 개헌특위를 가동하면서 8월 말부터 9월 말까지 권역별로 10여 차례 전국 순회 토론회를 개최했다. 실제로 개헌이 될지는 장담할 수 없다. 하지만 그렇다고 별 의견 없이 바라만 볼 수는 없다. 준비하는 마음으로, 개헌을 한다면 어떻게 녹색 가치를 반영할 수 있을지 고민할 때다.

   이미 우리 사회에는 몇 가지 개헌안이 나와 있다. 1) 2014년 국회의장 직속 헌법개정 자문위원회에서 내놓은 개헌안, 2) 2015년에

그린 챌린지: 한국환경보고서 2018

대한민국 시도지사협의회에서 헌법학회에 의뢰하여 내놓은 개헌안, 3) 2011년(2016년에 개정)에 대화문화아카데미라는 단체가 10년에 가까운 토론을 거쳐 마련한 개헌안, 4) 나라살리는 헌법개정 국민주권회의라는 단체가 제시한 개헌안, 5) 지방분권개헌 국민행동이라는 단체에서 분권과 자치에 대한 조항만을 부분적으로 조문화한 안 등이다.

반가운 소식은 녹색 시민들도 개헌안을 마련하고 논의에 참여하고 있다는 점이다. 예컨대 녹색전환연구소에서는 2017년 여름 동안 세 차례의 간담회를 열어 녹색 헌법안을 마련하고 이 안을 국회의원들과 주요 시민단체에 전달하여 녹색 헌법으로 개헌하자는 목소리를 내고 있다. 또 시민환경연구소와 환경법률센터는 2017년 3월, '헌법, 환경을 어떻게 담을 것인가'라는 주제로 토론회를 열어 현행 헌법의 환경권 조항을 어떻게 수정할 것인지 논의했다.

이처럼 여러 목소리가 혼재된 때에 어떤 안이 더 좋은지 판단하는 과제는 시민들의 몫이다. 녹색 가치가 분명한 기관이 내놓은 안이라면 믿음직하다. 하지만 현실적으로 그런 안은 소수 의견으로 치부되어 별 관심을 못 받을 가능성이 크다. 오히려 정부나 개헌특위, 유력 정당의 개헌 방향에 논의가 집중될 것이다. 상황이 이러하다면 시민들은 특히 녹색 시민들은 개헌을 통해 녹색 세상을 앞당기기 위해, 최소한 지금보다 녹색 가치가 후퇴하지 않기 위해서 여러 개헌안을 신중하게 비교하고 검토하는 판단력이 필요하다.

이 글은 개헌안들이 얼마나 생태적인지, 녹색 가치에 부합하는지 판별할 수 있는 기준을 몇 가지 소개한다. 참고로, 이 글이 생각하는 녹색 가치는 다음과 같다.

생태적 지혜 / 사회 정의 / 직접 · 참여 · 풀뿌리 민주주의 / 비폭력 평화 / 지속가능성 / 다양성 옹호 / 지구적 행동과 국제연대

사람마다 달리 생각할 수 있겠지만, 이 글은 한국 녹색당이 강령으로 정리한 위의 일곱 가지 가치를 잣대로 삼았으며 이들이 조문에 잘 반영된 개헌안을 녹색 헌법이라고 판단한다.

기준 1. 인간중심주의를 벗어났는가

인간만이 아닌 모든 생명에 권리를 부여하는 생명권 조항을 포함하고 있는지가 녹색 헌법을 판별하는 첫째 기준이다. 다른 개헌안들은 인간에게만 생명권을 부여하는 방식으로 조문화하고 있다. 물론 '생명권'을 조문으로 독립하여 언급하는 것만으로도 현행 헌법보다는 낫다. 그러나 녹색 헌법이라면 인간중심주의를 벗어나야 하며, 모든 생명을 존중하는 원리를 헌법 전체에서 가장 중요한 가치로 부각해야 할 것이다. 예컨대 헌법 제1조를 아래와 같이 조문화하면 어떨까.

녹색 헌법안 제1조

모든 생명은 존엄한 가치가 있다.

그런데, 이런 조항만 있다면 내실 없는 선언에 그칠 위험이 있다. 인간이 아닌 생명의 권리를 실제로 보장하기 위해서는 좀 더 구체적인 규정이 필요하다. 그래서 녹색 헌법안은 동물, 식물을 포함한 여러 생명체를 보호할 의무를 규정하였다. 국가 의무 조항이다. 이런 조항이 있다면 천성산 도롱뇽 소송이나 4대강 개발 사업 등은 일어나지 않을 것이다. 인간의 말을 하지 못한다는 이유로 힘없이 죽어가는 많은 생명을 지킬 수 있다. 모든 생명은 연결되어 있기에 인간이 그 생명들의 보호자를 자처함으로써 결국 인간의 생명을 지키게 된다.

녹색 헌법안 제3조

① 국가는 법률에 따라 동물과 식물을 포함한 생명체의 서식 환경을 보호해야 한다.

② 국가는 산, 들, 강, 바다를 포함한 생태계와 유·무형의 문화유산을 미래 세대를 위하여 보전해야 한다.

③ 국가는 자연의 복원력과 자연을 이용하는 수요가 지속가능한 균형을 이루도록 노력한다.

그리고 뭇생명을 살리는 헌법이 되려면 평화를 지향해야 한다. 그리고 현행 헌법을 넘어서 평화를 평화적 수단으로 지키려는 이상이 담겨야 한다. 다른 개헌안들은 이 수준에 이르지 못하고 있으나 녹색 헌법안은 한국 녹색당 강령과 외국 헌법을 참고하여 다음과 같이 조문화했다. 이와 비슷한 취지의 조문이 있다면 녹색 가치를 반영하는 개헌안으로 간주해도 되겠다.

녹색 헌법안 제6조

① 대한민국은 평화적 수단으로 평화를 실현하기 위해 노력하며 인류 평화에 이바지한다.

인간중심주의를 넘어서는 조문화 방식은 다양하다. 꼭 위의 방식으로 할 필요는 없다. 중요한 점은 헌법 전반에 걸쳐 생명 존중의 관점이 반영되는 것이다.

기준 2. 기본권을 충분히 확대했는가

기본권 부분에서 녹색 가치를 반영하기 위한 개헌 방향은 다음과 같다.

1) 현행 헌법에는 기본권을 규정하는 조문의 주어가 기본적으로 '국민'으로 되어 있는데, 국적이 없는 외국인도 사람으로서 누릴 수 있는 권리에 대해서는 주어를 '사람'으로 고치는 것이 필요하다. 이를테면 양심과 사상의 자유는 사람이면

누구나 누릴 수 있다. 반대로 선거권이나 재산권 등은 외국인과 국민에게 다르게 적용된다. 이처럼 성질에 따라서 모든 사람에게 확대할 수 있는 권리이면 주어를 국민에서 사람으로 수정한다.

2) 차별 금지 조항에서 언급하는 차별 금지 기준을 현행 헌법보다 확대한다. 헌법 제11조에서 언급하는 '성별, 종교, 사회적 신분'이라는 세 가지 기준이 현대 사회의 다양한 차별을 포괄하지 못하고 있기 때문이다. 개헌안마다 조금씩 다르지만 녹색 헌법안은 이를 가급적 포괄하여 '성, 종교, 사상, 지역, 출신, 종족, 언어, 연령, 신체 조건, 정신 장애, 성적 지향 등'이라고 표현했다.

3) 인간으로서 최소한의 존엄성을 지킬 수 있도록 필요한 자원을 받을 수 있다는 취지의 조문이 포함된다면 우리들의 생명 가치를 더 실질적으로 보장할 수 있다. 언젠가 우리 사회가 기본소득제도를 도입하자는 뜻을 모은다면 이 조문이 그 근거가 될 것이다.

4) 성평등을 실질화한다. '양성의 평등'이라고 표기된 현행 헌법 36조 1항을 '성평등'으로 고쳐서 남성과 여성이라는 두 가지 성밖에 없다는 기존 인식을 극복하거나 더 나아가 '성평등'을 다시 '평등'으로 고쳐서 성별의 측면만이 아니라 인간 사이의 모든

측면에서 평등한 관계가 혼인과 가족 생활에서 실현되도록 한다.

5) 어린이, 장애인, 노인 등을 보호받아야 할 대상으로 묘사하는 조문 방식에서 벗어나 권리의 주체로 서술한다.

6) 양심적 병역 거부를 인정한다. 집총 병역 대신 대체 복무를 할 수 있다는 내용이 포함되면 된다.

7) 군인이나 군무원, 경찰의 국가배상청구를 금지한 조항(29조 2항)을 삭제한다. 이들의 직업 특수성을 지나치게 강조하여 자신이 입은 피해에 대해 국가에 배상청구조차 못하게 한 조항은 기본권을 과도하게 제한한 것이다.

8) 인종 청소와 같은 반인륜적 범죄에 대해서는 공소시효를 두지 않는다.

이 외에도 그간 우리 사회가 인권을 보장하기 논의해 온 많은 담론들이 담긴 조항이면 녹색 헌법에 부합한다고 판단할 수 있겠다.

기준 3. 정치 시스템을 민주적으로 개혁했는가

녹색 헌법이 되기 위해서는 사회 전반의 운영 원리에 녹색 가치가 반영되어야 한다. 사회 정의나 직접 · 참여 · 풀뿌리 민주주의와 같은 녹색 가치를 정치 시스템에 반영하는 방안을 알아보자.

1) 시민들이 정치에 직접 참여하는 통로를 확대했는가

현행 헌법은 '헌법 개정 제안권', '법률안 제안권', '소환권'을 시민에게 부여하지 않는다. 하지만 이 권리들을 헌법에 반영한다면 대의민주주의의 한계를 다소나마 극복할 수 있다. 발의 요건과 진행 절차를 잘 정해서 국민 일정수가 요구하면 헌법도 개정할 수 있고, 국회의원이나 대통령도 소환할 수 있는 헌법이라야 녹색 헌법이라 할 만하다.

2) 선거권/피선거권 연령을 낮췄는가

선거권을 행사하는 나이를 낮출 필요가 있다. 녹색 가치는 누구나 자기 목소리를 낼 수 있어야 실현되는데 충분한 사리판단을 할 수 있음에도 정치적 발언권을 주지 않고 있기 때문이다. 현행 만 19세에서 최소한 18세로 낮춰야 한다. 청소년들을 정치적 미숙아로 치부하지 말고 오히려 이들에게 권리를 주고 성숙한 판단을 기대한다면 교육 문제를 포함한 여러 사회 문제에 대해 참신한 의견을 낼 수 있을 것이다.

　피선거권도 마찬가지다. 공직선거법에 따라 국회의원에 출마하려면 만 25세가 되어야 한고, 헌법에 따라 대통령에 출마하려면 40세가 되어야 한다. 나이 제한을 낮춘다고 해서 어린 후보들이 대거 등장하지는 않는다. 하지만 적은 수라도 정치인으로서 세상에 기여하고 싶은 젊은 도전자들이 있으며 이들의 도전은 우리 사회에 신선한 바람이 될지도 모른다. 그 바람을 미리 차단하지는 않아야겠다.

3) 민의를 반영하는 의회를 지향하는가

국회의 민주성을 강화하여 시민들의 뜻이 왜곡되지 않아야 한다. 이를 위해서 가장 중요한 일이 의회의 구성 방식, 즉 선거제도를 개혁하는 일이다. 이는 헌법이 아니라 선거법을 개정할 사안이라고 볼 수도 있지만 나라의 근간이 되는 정치 시스템이라는 점에서 헌법에 주요한 선거 원칙을 적는 의의가 충분하다.

선거제도 개혁의 핵심은 비례성을 강화하는 것이다. 이렇게 되면 시민들의 뜻이 득표로 더 정확히 연결된다. 그리고 이에 따라 다양한 소수 정당이 출현하며 이 정당들은 자신의 정체성을 뚜렷이 하면서 다양한 문제에 대해 선명한 의견을 내놓는다. 녹색당이 동물권에 대해, 탈핵에 대해, 기본소득에 대해 기성 정당과 다른 의견을 내는 것을 보면 알 수 있다.

사회 갈등을 줄이기 위한 근본적인 해결책은 시민들의 의견이 의회와 같은 공적인 자리에서 논의되는 것이다. 우리는 아직도 억울한 일이 있거나 알려야 할 일이 있을 때 거리에 나갈 수밖에 없는 상황이 많다. 제도권 정치에서 이런 의견을 받아들이지 못하기 때문이다. 모두의 목소리가 평등하고 소중하게 고려되는 사회를 위해 녹색 헌법은 선거제도를 개혁하자.

4) 현행 대통령제의 권력 집중 문제를 개선했는가

우리는 그동안 좋은 대통령을 뽑아서 그 사람에게 많은 권한을 주는 정치를 해왔다. 그래서 제왕적 대통령제니 하는 비유도 나온다. 하지만 이런 체제는 누구를 대통령으로 뽑느냐에 따라 나라가 쉽게 좌우되는 문제가 생긴다.

대통령에게 권한이 집중된다니까 '내치는 총리, 외치는 대통령'이라는 식으로 권한을 둘로 나누자는 주장도 나온다. 하지만 이런 권한 배분은 문제가 있다. 내치와 외치를 구분하기 어려운 일이 많기 때문이다. 예컨대 2008년 미국산 소고기 수입 문제로 인한 촛불시위, 그리고 2016~2017년 사드(THAAD, 고고도미사일방어체계) 배치 문제로 인한 갈등 역시 내치와 외치가 섞여 있는데 이에 대해 총리와 대통령의 의견이 갈리면 행정부는 판단을 내리지 못한다. 국정 실무의 책임자가 두 사람이 되면 머리가 두 개인 용처럼 갈등을 부추기는 제도를 만드는 셈이다.

이런 문제를 극복하기 위해서는 총리가 국정 전반의 실무 책임을 맡고 대통령이 견제만 할 수 있게 하는 편이 좋다. 일관된 철학으로 국정을 운영하게 하되 제왕적 총리가 되지 않도록 견제하는 것이다. 예컨대 총리가 계엄선포와 같은 비상 대권을 발동하거나 위헌 소지가 있는 법률을 통과시키려 할 때는 대통령이 제어할 수 있다. 헌법재판소에 심판을 요청하는 방식이 적

특집: 2018년 녹색 포커스 1판

절하다. 그리고 지지율에 따라 내각을 교체할 수 있는 의원내각제적 요소를 반영하면 국민의 뜻에 민감한 행정부가 될 가능성이 높아진다.

또한 대통령 4년 중임제에 대해서는 신중할 필요가 있다. 현행 대통령제의 권한 독점 문제를 슬기롭게 해결한다면 좋은 제도가 될 수 있겠지만, 지금과 크게 다르지 않은 상태에서 단지 대통령의 임기만 조정한다면 문제는 여전히 남는다. 대통령 한 사람에 의해 정치가 좌우될 위험이 있고, 당선되자마자 재선을 준비하느라 4년 중임제가 마치 8년 단임제처럼 운영될 가능성이 있기 때문이다.

기준 4. 자치와 분권을 얼마나 실현했는가

자치와 분권을 실현하려면 지방자치제도를 내실 있게 운영해야한다. 그런데 지방자치가 확대되는 것을 염려하는 사람들도 있다. 이들은 지방정부와 의회가 부패하거나 생명을 파괴하는 난개발을 추진하는 사례를 근거로 든다. 일리가 있다. 따라서 헌법에 생명 가치와 민주주의의 원리를 분명히 반영하여 그런 폐단을 막아야 한다. 자기 지역의 일을 스스로 처리할 수 있는 권한과 함께 시민으로서 또 지구인으로서 생명을 지킬 책임을 동시에 주자.

그린 챌린저: 한국환경보고서 2018

1) 주민의 자치권을 강화하는가

주민의 자치권은 법률(지방자치법, 법률 제14474호)로 보장되어 있다. 그런데 이를 헌법이 보장하는 권리로 격상하고 주민으로서 누리는 대표적인 권리를 서술한다면 자치권을 강화할 수 있다. 이런 권리들이 강화될수록 자치가 실질화되어 녹색 시민들이 지방정부나 지방의회의 부정 비리, 난개발 등을 감시하고 통제할 수 있다.

녹색 헌법안 제33조

① 모든 주민에게 자치권이 있다.

② 모든 주민에게 주민투표권, 주민발안권, 주민소환권, 주민소송권이 있다.

2) 입법, 행정 전반에 자율성을 부여했는가

현재는 국회만 법률을 제정할 수 있는데 광역자치의회에도 법률 제정권을 주면 어떨까. 그렇게 되면 국회는 국가 전체에 적용되는 사안에 대해 법률을 제정하고, 각 도나 광역시는 자기 지역에 직결되는 사안에 관하여 법률이나 조례를 제정할 수 있다. 예컨대 녹색 헌법안에서는 아래처럼 8개 항목을 정하여 광역자치의회가 법률 제정에 있어 국회보다 우선권을 갖게 하였다. 이렇게 되면 광역자치의회가 자기 지역의 사무를 책임지고 운영할 만한 권한과 책임을 갖게 되고, 입법권이 분점되어 국회가 권력을 독점하지 않게 될 것이다.

녹색 헌법안 제53조

광역자치의회는 헌법에 정한 다른 사항을 포함하여 다음에 대하여 법률을 제정할 수 있다.

1. 주민의 안전

2. 자치경찰의 조직과 운영

3. 지방자치단체의 재산 관리

4. 지방자치단체 공공시설의 설치와 관리

5. 지방자치단체 단위로 처리해야 할 환경, 에너지, 보건, 복지, 노동, 실업 대책, 자원 관리, 식품 안전, 주택 공급

6. 지방자치단체 단위로 처리해야 할 산업 정책, 지역 경제, 생활환경 시설의 설치·관리, 공간 계획, 교육·체육·문화·예술의 진흥

7. 광역지방자치단체 안에 있는 기초지방자치단체들 사이 관계, 기초지방자치단체들 사이나 기초자치의회와 기초자치정부 사이의 갈등 조정·사무 배분·관할 구역 조정·재정 조정·지원 협력

8. 헌법이나 국회가 입법한 법률에 따라 입법권이 위임된 사무

그리고 자치의회가 제정한 법률과 조례에 근거하여 지방정부의 조직, 운영 전반에 자율성이 생긴다. 예컨대 다양한 정부 형태가 가능해진다. 우리나라는 지방 어디나 작은 대한민국처럼 정부와 의회를 구성한다. 지자체마다 작은 대통령들이 있는 듯하다. 지역마다 실정에 맞게 의회와 정부의 권한을 배분하고 조

직과 운영에 자율권을 준다면 지방자치가 더 개성 있고 알차게 운영될 수 있다.

기준 5. 사법 권력을 얼마나 민주화했는가

사법부는 대법원장을 정점으로 하는 수직적이고 관료적인 체제라고 비판을 받는다. 시민들이 보기에 정의롭지 못한 판결도 나온다. 또한 사법 권력을 행사하는 경찰과 검찰의 인권 침해, 부정비리도 문제가 된다. 이런 점들을 극복해야 녹색 가치를 실현할 수 있다.

1) 배심제를 도입했는가

현재 우리나라는 국민참여재판제도를 시행하고 있기는 하지만 비교적 중한 죄를 다루는 형사 사건, 즉 합의부 형사 사건에 한정되어 있고 그나마 피고인이 신청하는 경우에만 시행한다. 더구나 배심원들의 평결을 재판부가 따르지 않아도 그만이다. 대한민국은 민주공화국이며 모든 권력은 국민으로부터 나온다고 하는데 유독 사법 권력은 판사에게서 나오는 것 같다. 시민의 상식이 법원의 판단과 멀지 않도록 배심제를 도입하자.

2) 법관 구성을 민주화했는가

사법부의 비리는 대법원장에 권한이 집중되어 있기 때문에 발생하는 경우가 많으며 그 권한 중에서 인사권만큼 강력한 권한도 드물다. 따라서 인사를 포함한 법원 행정 업무를 담당할 민주적인 기구를 신설하는 방안을 고려할 만하다. '사법행정위원회', '사법평의회' 등 명칭은 다양할 수 있으나 시민들도 위원이 될 수 있고, 국회의 합의로 선출된 사람이 위원이 되는 체제이면 좋겠다. 이 기구는 헌법재판관이나 대법관을 국회에서 선출하기 위해서 그 후보를 몇 배수로 추천하는 역할을 맡는다.

3) 수사 권한을 분산하고 민주적으로 통제하는가

현 정부는 2018년 1월 14일에 국정원, 검찰, 경찰의 권한을 큰 폭으로 조정하는 개혁안을 발표했다. 이 안의 핵심 골자는 과도하게 집중된 국정원과 검찰의 권한 일부를 경찰에 넘기는 것이다. 그리고 경찰에 집중되는 권한을 분산하기 위해 자치경찰제를 도입하고 수사경찰과 행정경찰로 이원화하는 등 경찰 내에서 권력을 분산하는 내용이다. 이상의 내용은 그간 독점된 권한을 적절히 분산하고 견제와 균형의 원리를 실현하겠다는 점에서 환영할 만하다.

　이상의 사안은 우선 법률로써 제도화해야 하겠으며 이후에는 헌법에도 반영해야 하겠다. 현행 헌법은 수사 권한의 배분에 대해 별다른 언급이 없지만 수사는 인권에 직결되는 사안이기 때문에 우리들의 약속인 헌법에 중요한 원칙은 정해야 한다. 녹색 헌법안은 다음과 같이 조문화하였다. 특별히 수사권

을 민주적으로 통제하기 위해서 3항에 검사장 직선제를 도입
하였다.

녹색 헌법안 제48조

① 경찰과 자치경찰에게 수사할 권한이 있다.

② 검찰은 공소를 제기하고 유지할 권한이 있다. 이 권한을 행사
하기 위해 경찰에 보완 수사를 요청할 수 있고 경찰은 이에 협력
할 의무가 있다.

③ 지방검찰청장은 법률에 따라 해당 지역 주민이 선출한다.

기준 6. 생명 가치를 보호하는 경제 질서를 지향하는가

현행 헌법에는 국가가 경제 성장을 주도하는 주체로 묘사되어
있다. 예를 들어 123조는 지역 경제와 중소기업을 육성할 의무
를, 125조는 대외무역을 육성할 의무를 부여한다. 하지만 녹색
헌법이라면 성장과 개발을 우선하지 않으며 오히려 생명 존중
의 기반이 되는 경제 질서를 마련하기 위해 노력할 것이다. 이런
뜻에서 녹색 헌법안은 경제 부분의 첫 조항을 아래와 같이 조문
화하였다.

녹색 헌법안 제138조

① 국가는 인간의 존엄한 가치를 지키고 모든 생명을 보호하는 경

제 질서를 세우기 위해 노력한다.

② 국가는 자유로운 경제 활동을 보장한다.

③ 국가는 경제 민주화를 위하여 경제 주체들이 시장을 지배하고 경제력을 남용하지 못하도록 규제하고 조정할 수 있다.

그리고 위의 조항에 '경제 민주화'라는 개념이 제시되어 있는데 이는 현행 헌법 119조 2항에 있는 내용이며 개헌 논의에서 이념 대립이 잘 드러나는 부분이다. 자유시장 이념을 강조하는 사람들은 경제상의 자유와 창의를 강조한 119조 1항만으로 충분하다고 본다. 반면, 사회국가 원리나 복지국가 이념을 강조하는 사람들은 1항과 2항이 균형 있게 추구되어야 경제 질서가 건강하게 유지된다고 본다. 두 입장 중에서 녹색 헌법안은 후자에 가깝다. 경제가 돈의 논리로만 좌우되지 않고 경제에 참여하는 사람들의 뜻이 공정하게 반영되어야 한다고 생각하기 때문이다.

위에서 언급한 여섯 가지 기준 외에도 헌법 개정 절차를 완화하여 헌법이 살아 있는 규범이 되도록 한다든지, 쉽고 아름다운 우리말을 사용하여 누구나 이해하고 자랑스러워하는 규범이 되게 하는 일도 역시 녹색 가치를 실현하는 데에 도움이 될 수 있다.

개헌, 어떻게 대응해야 할까? 개헌은 판도라의 상자를 여는 것과 같으니 하더라도 신중하게 추진하자는 의견이 있다. 옳은 말이다. 하지만 현실 정치가 그 희망대로 전개되지 않을 수 있다. 개헌 논의가 급물살을 탈 수도 있다. 그럴 때에라도 녹색 시민들은 소신 있게 발언하자. 개헌, 한다면 녹색 헌법으로 하자.

환경 단체들은 분권화가 갖는 함정을
우려해 왔다.
중앙정부의 권한이 지방으로 이양되면서
지방정부의 권력이 남용되는
결과를 낳을 수 있기 때문이다.
이는 지방분권을 통해
지방으로 위임된 권한이 그 취지와 달리
지방의 토호 세력과 이해관계가 밀착된
지방 엘리트 정치를 펼치게
될 것에 대한 우려,
예산 낭비 견제 장치 부재 등으로 인해
오히려 '지방의 독재'를
초래할 수 있다는 지적과 관련된다.

2

다시 생각하는 지방분권과 환경

'6 · 13 지방선거'를 앞두고

임성희 녹색사회연구소 연구원

'파리와 나머지 프랑스의 사막들'

프랑스의 지리학자 장 프랑수와 그라비에는 1947년 「파리와 나머지 프랑스의 사막들」이라는 제목의 글을 통해 파리가 전 국토의 자원을 삼켜버려 다른 지역들을 사막화시킨다고 비판했다. 한 곳으로 편중된 권한과 자원이 다른 지역을 사막화시키고 마는 현상에 대한 적나라한 표현이다. 이 말은 우리에게도 그대로 적용된다. 권력이 집중된 서울을 중심으로 수도권이 국토의 자원, 인력을 삼켜버리면서 나머지 지역을 사막화해 왔기 때문이다. 국토 면적의 12%를 차지하는 서울과 수도권에 인구의 절반이 거주하고, 좋은 일자리, 고부가가치 산업도 절반을 상회한다. 100대 기업 본사 95%, 전국 20대 대학의 80%, 의료 기관의 51%, 정부 투자 기관의 89%, 예금의 70%가 몰려 있는 현상. 물론 집

그린 챌린지: 한국환경보고서 2018

적과 과밀로 인해 겪는 서울과 수도권의 고통과 비용 역시 만만치 않다. 교통체증과 환경오염으로 인한 사회경제적 비용, 불패신화를 낳는 부동산 가격 상승 등.

『지방도시 살생부』라는 책을 발간한 마강래 교수는 "무릇 있는 자는 받아 풍족하게 되고 없는 자는 그 있는 것까지 빼앗기리라"라는 「마태복음」 25장 19절을 빗대어 '수도권 VS 지방'의 상황을 '공간적 마태 효과'라 부른다.[1] 그는 20년 내에 30%의 지자체가 파산하게 될 것이라 단언한다. 그럼에도 제 기능을 상실하게 될 30%의 지자체가 결코 파멸에 이르지는 않을 것이라는 부언을 빼놓지 않는다. 중앙정부라는 든든한 후원자가 있기 때문이다. 그러나 이들 지자체에게 달아줄 인공호흡기, 천문학적 연명치료비는 우리 모두의 몫임을 경고한다.

8천만 인구 독일의 수도 베를린의 인구가 300만 명이라고 하면 사람들은 꽤 놀란다. 100만 명이 넘는 도시는 함부르크(180만 명)와 뮌헨(150만 명) 정도이다. 유럽연합의 관문이자 금융 허브로 통하는 프랑크푸르트에 거주하는 주민이 70만 명밖에 되지 않는다는 사실에 사람들은 다시 한 번 놀란다.

교육은 주 정부가 관할하며, 대학 역시 도시별로 하나씩 존재한다. (베를린의 경우 분단으로 인한 역사적 배경으로 인해 어쩔 수 없이 베를린자유대학(구서독)과 훔볼트대학(구동독) 두 곳이 있을 뿐이다.) 수도 베를린의 집값은 여느 도시에 비해 저렴한 편이다. 도시마다 경관과 쾌적한 도심을 중시하기에 고층 빌딩은 대부분 외곽으로 빠져 있다. 인구와 산업, 교육과 중앙의 주요 기관이 지역별

---

1   마강래, 『지방도시 살생부』, 개마고원, 2017.

로 골고루 분산되어 있고, 자치단체의 정책 결정성이 높으며, 주민 자치와 시민 참여형 예산이 발달해 있다. 지방분권과 자치가 발달한 나라로 평가받는 독일의 모습이다.

지역의 사막화를 방지하려면

자원의 수도권 집중으로 인한 부작용, 다른 지역과의 불평등과 양극화 문제는 줄곧 제기되어 왔다. 역대 정부들도 문제의식에 공감하며 나름대로 고육책에 부심한 듯했다. 노무현 정부는 지역균형발전과 분권, 분산을 지역 정책의 핵심적 의제로 세웠다. 이명박 정부는 지역특화발전과 지역경쟁력확보를, 박근혜 정부는 안전과 통합의 사회를 실현하기 위한 정책 수단으로 지역 정책을 나름대로 표명한 바 있다. 외국의 사례를 벤치마킹하며, 다양한 제도와 정책을 도입하고 예산을 투입해 왔다. 그러나 중앙정부 주도로 추진되고 결국 지역 간의 협력이나 부처 · 기관 · 지자체별 조율 없이 개별적이고 산발적으로 추진되는 지역균형발전정책은 실효를 거두지 못했다. 문제해결의 주체와 접근 방식이 잘못되어 왔다는 지적인데, 이런 모든 문제를 관통하는 가장 주요한 원인은 지방분권이 부재한 탓이다.[2] 수도권과 비수도권의 양극화와 격차를 해소하고 각각의 지역이 상생하며 이루는 지역균형발전은 중앙으로 집중된 권력을 분산시키지 않고는 가

그린 챌린지: 한국환경보고서 2018

---

2   강현수, 「지역이 주도하는 균형발전 정책의 필요성과 과제」, 한국공간환경학회, 『지역발전 2중주―지역균형발전과 지방분권을 향해』, 2017, 167쪽.

능하지 않다. 지방분권에 대한 목소리가 힘을 얻는 것은 당연하다.

이때 놓치지 말아야 할 지점이 있다. 지방분권이란 중앙정부에서 지방정부로 권력을 이양하는 것만을 의미하는 것이 아니라 정부의 권한을 주민으로 이양하는 것 또한 내포하는 개념이란 점이다. 권한의 수평적 이동뿐만 아니라 수직적 이동이 따라야 한다. 즉 분권은 지자체 중심의 지방자치가 아닌 주민 중심의 지방자치로서, 주민의 참여가 보장되어야 비로소 완성된다. 분권형 거버넌스만이 아니라 참여형 거버넌스가 함께 가야 한다. 지방정부에 이양된 권한이 주민들의 삶의 질 향상에 기여하고 주민들의 자발적 참여를 독려하는 방식으로 작용하기 위해서는 권한의 위임 외에 지방행정과 지방정치의 책임성을 높이고, 지방정부의 자치 역량 강화와 권력 남용을 방지하기 위한 제도적 장치가 함께 따라야 한다.

분권이 규제 완화 권한을 남발하는 것으로 되어서는 곤란

환경 단체들은 분권화가 갖는 함정을 우려해 왔다. 중앙정부가 독점적으로 행사해 왔던 권한을 지방으로 이양하는 것이 지방정부의 권력이 남용되는 결과를 낳을 수 있기 때문이다. 이는 지방으로 위임된 권한이 그 취지와 달리 지방의 토호 세력과 이해관계가 밀착된 지방 엘리트 정치를 펼치게 될 것에 대한 우려, 예산 낭비 견제 장치 부재 등으로 인해 오히려 '지방의 독재'를 초

특집: 2018년 녹색 포커스

래할 수 있다는 지적과 관련된다.

지방분권은 개발 정책과 환경 정책이 동시에 지방으로 이양되는 것을 의미하는데, 지방정부의 부족한 환경 행정 수행 능력, 미약한 환경 보전 의지, 대형 사고 관리 능력의 부재는 환경오염물질 유발 시설에 대한 관리 부실과 그로 인한 사고, 자치단체와 환경오염 원인자 간의 유착 발생 가능성, 시·도지사의 난개발 사업의 승인 남발과 그로 인한 환경 갈등 심화를 낳을 수 있다. 대규모 개발 사업 외에도 각종 기업도시, 특화도시 등을 위한 특별법을 근거로 지방자치단체장의 인허가권이 강화되어 왔는데, 규제 완화 권한까지 보장될 경우 규제의 힘은 사라지고 '개발지상주의 관행'에 날개를 달아 전 국토가 난개발의 장이 될 것이라는 우려가 적지 않다.

세수 확대, 고용 창출, 지역 경제 활성화를 명분으로 외부 자본에 의존하는 대규모 개발을 지역 기반 산업을 위한 투자와 동일시하고, 사업의 타당성을 고의적으로 부풀려서 해당 지역 주민들의 개발 욕구를 왜곡하고 부추기는 행태, 분권을 규제 완화를 위한 수단으로 남용하는 태도가 여전히 살아 있다. 때문에 자치와 분권의 필요성에도 불구하고 규제 완화 권한의 지방 이양에는 신중할 필요가 있다. 따라서 환경 규제 권한이 중앙정부에서 지방정부로 이관되는 것보다, 오히려 규제 권한의 재배분과 지방자치단체의 규제 역량 강화 조치에 우선 주력하는 것이 타당하다. 규제 행정은 국가가 보유하고, 지방 이양은 장기적으로 추진[3]하는 것이 바람직하다.

3　변창흠, 「지방분권과 지역균형발전의 주요 쟁점과 정책과제」, 서울연구원, 『지역상생과 지방분권을 위한 이슈와 과제』, 2012, 169쪽.

신과 악마는 디테일에 있다는 표현처럼, 지역균형발전과 지역특화발전, 지역경쟁력확보 등 부정할 수 없는 이 표현들이 내포하고 있는 다른 함의, '전 국토의 토건화', '개발주의 광풍'과 유사어가 될 수도 있고, 되어 왔다는 점이 환경운동 진영이 규제 권한의 지방 이양에 반대해 온 이유이다.

강력한 지방분권이 목표라는 문재인 정부

2017년 10월 지방자치의 날 행사에서 문재인 정부는 연방제에 버금가는 강력한 지방분권을 목표로 표방하며 자치분권 로드맵 초안을 발표했다. 중앙 권한의 획기적 대폭적 이양, 강력한 재정 분권의 추진, 지방자치단체의 자치 역량 강화, 풀뿌리 주민 자치 강화, 네트워크형 지방 행정 체계 구축이 주요 골자이다. 이에 앞선 7월, 정부는 국정 운영 5개년 계획을 발표하면서 5대 국정 목표 중 하나로 '고르게 발전하는 지역', 20대 국정 전략의 하나로 '풀뿌리 민주주의를 실현하는 자치분권'을 제시했다. 100대 국정 과제에는 화학물질을 비롯한 생활 안전 강화, 미세먼지 감축, 물 관리 통합과 4대강 재자연화 추진, 탈원전 로드맵 수립과 신기후 체제 이행 체계 구축 등을 담고 있다. 표면상으로는 별 문제 없다. 문제는 함께 발표된 '지역 공약 이행 방안'이다.

문재인 정부의 지역 공약은 143개로, 17개 시도 공약 130개, 시·도 간 상생 공약 13개이다. 지역 산업 혁신, SOC(교통·지역

개발), 공공기관 이전, 제도 혁신, 기관 설치 등을 담고 있는데, 문제가 되는 사업들을 구체적으로 거명해 보면, 지리산 전기열차, 제주 제2공항, 서해·남해·동해 관광 휴양 벨트 조성, 새만금 공공 주도 매립 추진, 부산 동남권 관문공항과 공항복합도시 건설, 노령산맥권 휴양 치유 벨트 조성 그리고 각종 도로 건설 계획들이다. 그런데 위와 같은 공약은 수요 예측이 잘못되었거나 의도적 수요 예측의 의도적 오류를 통해, 텅 비게 될 지역 공항과 도로를 건설하여 환경 파괴와 예산 낭비를 일으킬 소지가 다분하다. 그래서 실패한 국책 사업으로 불리는 새만금 간척과 4대 강 사업에 대한 교훈이 보이지 않는다는 지적을 받는다. 결국 국정 과제와 지역 공약 이행 방안은 대립되는 별개의 철학이 상호 대립한 채 하나의 발표 자료 안에 수록된 모순된 계획이고 약속이다. 이런 맥락이라면 지역 공약 이행 방안도 결국 앞서 언급했듯이 지역균형발전, 지역특화발전, 지역경쟁력확보란 외피를 쓰고 진행되는 전 국토의 대규모 토건 사업, 개발주의라는 비판으로부터 자유로울 수 없다.

정부는 국무조정실장 주재로 갈등관리정책협의회를 재가동한 바 있다. 지난 8월 선정된 25개 갈등 과제에 환경 현안은 △ 사드 배치 및 군 사격장 갈등 관리 △ 발전소(화력·원전) 건설 재검토 △ 4대강 보 추가 개방 △ 신고리 5·6호기 건설 문제 △ 광주·대구·수원 군공항 이전 △ EEZ 바다모래 채취 △ 설악산케이블카 사업 △ KTX 무안공항 노선 △ 주한 미군기지 환경오염 치유 △ 풍력발전 계획 입지 제도 마련들이다. 정부도 인

그린 챌린지: 한국환경보고서 2018

지하고 있다시피 개발과 환경 간의 갈등 문제는 이미 우리 사회의 주요 갈등 사안으로 깊이 자리하고 있다. 발전소 건설, 공항 건설, 도로 건설, 하천 개발, 관광 개발 등은 대표적인 지역 갈등 사안이다. 문재인 정부의 지역 공약 역시 현재의 갈등 사안에서, 그리고 향후 갈등 현안으로 부상될 여지가 다분하다.

문제는 선거 때마다 등장하는 막개발 공약

대규모 개발 사업은 대부분 공약으로 표출되고 추진되어 왔다. 올 6월 지방선거를 앞두고는 어떤 개발 공약들이 또다시 선을 보일까. 역대의 지방선거 공약 중 70%는 교통과 물류, 국토 및 지역 개발 등의 개발 공약에 해당된다고 한다. 그래서 선출직 공직자를 선출하는 것인지 개발 로비스트를 선발하는 것인지 모르겠다는 소리가 나올 정도도. 더 이해하기 힘든 것은 정부의 SOC 예산이 해마다 삭감되면서 지방선거에서 제시되어 왔던 개발 공약 사업의 설계가 바뀌는 양상이라는 점이다. 인프라 구축 사업은 계획부터 준공까지 평균 9년 정도가 걸리는데, 사업 초기에는 돈을 적게 편성하고 본인의 임기 후에 본격적인 비용을 투입하는 구조로 계획한다는 것이다.[4]

상대적으로 낙후되거나 소외된 지역에서는 편익과 수요를 부풀리는 의도적 오류를 통해서 추진 사업의 경제적 타당성을 부풀린 사례가 많았다. 이는 개발의 필요성을 강변하기에도 적

---

4   오윤선, "지역개발공약에 대한 단상", 《경기일보》, 2017. 9. 24.

녹색 포커스 2018년 특별판

당했고, 개발 욕구를 부추기기에도 쉬웠다. 개발이란 이름으로 보여주는 가시적 성과를 얻는 데 도움이 되기도 하고, 개발 사업자와의 부패 고리 연결이 용이한 사업이 대부분이다. 반면 사업의 폐해나 적자로 인한 부채는 당해 단체장의 임기가 아니라 후임자의 몫으로 남는다. 매력적인 선거 공약으로 적절히 애용될 만했다.

개발 사업이 지역 경제에 폐해로 남는 사례, 대규모 사업 유치 및 개발로 인한 지방 재정 악화와 적자 실례를 열거해 보자.

전남도는 영암F1대회를 위한 경주장 건설비 등 4년간 사업비를 8,742억 원 지출했으나, 4년간 누적 적자가 2,000억 원에 이른다고 한다.

인천시는 2008년 인천은하레일을 도심 관광용 모노레일로 시공했다. 이를 위해 건설비 853억 원을 포함, 금융 비용까지 약 1,000억 원을 들였으나 2010년 준공 이후 부실 시공이 드러나 개통하지 못했다. 시장이 바뀌면서 사업 계획은 계속 바뀌고 있으며, 철거할 경우 300억 원을 들여야 한다.

공항 건설도 마찬가지이다. 전남도와 신안군은 흑산도에 50명이 탈 수 있는 프로펠러 경비행기가 이착륙할 수 있는 흑산공항을 추진하고 있다. 공항 건설 비용 1,600억 원 투여에 비해, 수요가 부풀려져 있어 운영 시 적자가 예상될 뿐만 아니라, 배편을 이용하는 것보다 주민 편익에 도움이 되지 않고, 철새 도래지로서 다양한 생물이 서식하는 국립공원에 공항을 건설하려 하여 비난을 사고 있다. 이 역시 당시 전남도지사의 공약 사항이었다.

추진 중인 제주 제2공항의 경우 기본 계획 절차를 중단하고 공정한 타당성 재조사를 시행할 것을 요구받고 있다. 제주도의 인구 과밀과 관광객 증가에 따른 난개발, 지하수 고갈, 폐기물 문제 등 생활환경이 악화되면서 환경 수용 능력을 감안하지 않은 관광 개발에 대한 피로감이 누적된 탓이다.

현재 대표적 환경 갈등 사례로 꼽히고 있는 케이블카 건설 문제도 마찬가지이다. 강원도와 양양군은 숙원 사업으로 국립공원이나 천연보호구역 등으로 지정되어 있는 설악산 오색 끝청 구간에 케이블카 설치를 위해 사력을 다하고 있다. 지역 발전의 조감도를 그리고 있지만, 케이블카를 통해 지역 경제가 살아나거나 지역 주민에게 실질적 이득이 돌아가리라는 보장은 어디에도 없다.

평창동계올림픽 유치와 대회 기반 시설로 조성됐던 강원도 알펜시아는 강원도와 강원도개발공사의 재정난을 가중시키고 있다. 2017년 10월 현재 8,196억 원의 부채와 이로 인한 하루 이자가 4,700만 원이다. 해외 매각 협상을 진행 중이라 한다. 게다가 단 3일만의 평창동계올림픽 활강 경기를 위해 유전자원보호구역인 가리왕산의 500년 된 숲을 무참히 베어버린 것은 환경적 문제뿐만 아니라 대회 경기장 건설 비용 1,000억 원이나 복원 비용 1,000억 원만을 따져서도 다른 옵션을 선택했어야 옳았다.

물론 대부분의 대형 토건 개발 사업은 지역 발전을 명분으로 각 지역을 대상으로 중앙정부가 추진해 오기도 했다. 예산 대비 효과를 보지 못한 대규모 사업이 주를 이룬다. 주로 공약으로 추진된 것들이기도 하다. 4대강 사업의 경우도 국비로 추진했기 때문에 해당 지역에서 반대하지 않았으나, 사업 예산을 지방정부에 내려보냈다면 어떤 지방도 현재와 같은 4대강 사업을 추진하지는 않았을 것이라는 견해도 있다. 지방정부는 대규모 예산이 투여되는 대형 개발 사업을 진행시킬 여력이 없고, 중앙정부 예산을 동원해서 진행하기 때문에 또한 대규모 개발 사업 진행을 선호한다. 지방분권을 강화하고 중앙정부의 사업 선택권과 예산 운영권을 지방정부에 이양하고, 그 책임을 지방정부가 갖는다면 대규모 낭비적 개발 사업은 축소되고 대안적 지역 발전 정책을 기획하고 추진하게 될 수 있다.[5]

지방분권을 제대로 살릴 수 있는 공약이 필요하다

지방분권과 자치가 권한의 남용으로 왜곡되고 인지되는 것을 방지하기 위해서는 외부 자본과 지방 토호 세력의 이익을 위한 토목·개발 중심의 공약보다, 지역 사회의 지속가능성과 지역 주민의 참여와 이해에 입각하여 삶의 질을 향상시킬 수 있는 공약이 필요하다.

희망제작소는 2014년 각 지자체들의 지방자치 혁신 사례를

그린 챌린지: 한국환경보고서 2018

---

5 강현수, 「개발주의를 강화하는 현행 중앙집권적 권한 및 재원구조」, 녹색사회연구소, 『제14회 녹색사회포럼 자료집: 개발주의의 작동 메커니즘에 대한 비판』, 2010, 76~81쪽.

발굴한 바 있다.[6] 혁신이란 대규모 개발을 통해서만 이루어지는 것이 아니다. 순천만의 '습지 보존을 위한 에코벨트 구상'과 '대한민국 생태 수도 순천 2020마스터플랜', 고창군의 '유네스코생물권보전지역의 귀농귀촌 1번지'로, 완주군의 에너지 복지와 연계한 '로컬에너지를 통한 에너지자립', 노원구의 '탄소제로하우스 에코센터 설립', 수원시의 '생태도시 수원 2013', 아산시가 오지마을에 도입한 '마중택시/마중버스', 신안군의 '버스완전공영제와 택시쿠폰', 슬로우시티 신안군의 '중도를 유기농 섬으로' 선포, 채석광산을 태양광발전소로 변신시킨 고흥군의 '거금에너지테마파크' 등 지역의 환경과 생태적 특성을 살리고 에너지 전환을 꾀하며 지역민의 생활의 질, 삶의 윤택을 도모하며 상생해가는 사례들을 키우고 경쟁하며 확산할 필요가 있다.

지방선거에서 광역시·도를 비롯해 자치단체 후보들이 선도적으로 탈핵 에너지 전환을 선언하고 지역 에너지 계획을 수립하면서 지역 에너지를 위한 공사 및 센터 설립을 도모하기 위해 조례를 제정하는 등 구체적인 비전을 제시하며 공약으로 구현하고 경쟁하는 것도 필요하다. 발전소와 송전탑으로부터 고통받는 지역을 위해 '전기요금지역차등제'를 관철하겠다는 약속도 좋다.

조용한 살인자로 불리는 미세먼지를 저감하기 위한 공약도 필요하다. 얼마 전 미세먼지 특별 대책으로 서울시가 추진한 출퇴근시간 대중교통 무료와 차량 2부제는 예산 낭비라는 공격을 받았으나, 서울시민의 교통비를 절감시킨 것이므로 낭비로 보기

---

6   송창석, 한겨레사회정책연구소 외, 『6·4 지방선거 '좋은정책' 종합 토론회 자료집: 민선5기 지방정부의 혁신 정책 및 조례』, 2014. 4. 30.

는 힘들다. 아무것도 하지 않은 시·도가 문제일 뿐이다.

유해물질로부터 안전한 생활환경을 위한 지역별 공약이 필요하다. 예를 들면, 미군기지로부터 오염된 지역은 미군기지 환경 조례 제정을 약속하는 일 등이다. 지역 먹거리 순환 체계를 위한 조례, 도시농업 육성 조례, 농민월급제를 비롯하여 안전한 학교 만들기 차원의 친환경 급식 조례, 발암물질 없는 학교 만들기, 방사능 없는 급식 조례의 실효성 확보를 위한 조례 제정 등 해당 자치단체 시민들과 밀착된 행정 펼치기와 이에 기반한 지역 경제 회복을 약속할 필요가 있다.

생태계를 파괴하면서 외부 자본의 이익만 취하는 개발 사업보다는 오히려 지역의 절대보전지역[7]을 만들고 생태계 서비스 보상제 등을 공약하는 것도 좋다. 도시공원 일몰제로, 사라질 위기에 처한 도시공원을 살리기 위한 방안을 공약화하여 도시의 허파를 살리기 위해 애써야 한다.

정치와 경제, 사회, 문화적 독점을 견제하고 지방이 자립하며 함께 상생하는 가운데 국가 역량이 강화된다는 말은 지방분권과 환경 정책이 서로 동일한 목표를 가질 때만이 효과를 발휘하다. 얼마 남지 않은 지방선거, 이 선거 공간이 지방분권이라는 흐름에 지방의 규제 완화 권한 행사와 맞물려 대규모 난개발을 약속하는 정치적 공간이 되지 않아야 한다. 지역의 자립 기반을

---

7 독일의 바이에른 주는 자체 주 발전 프로그램의 하나로 마련한 알프스 플랜을 마련했다. 알프스 플랜은 알프스를 3단계(개발구역, 완충구역, 절대보전구역)로 나누어 구역 지정을 했는데, 국립공원이나 유럽연합의 규정을 받는 보호구역보다 더 넓은 면적을 절대보전지역으로 지정함으로써 관광 압력에 의한 개발 계획으로부터 생태적으로 민감한 지역을 효과적으로 보호하는 기능을 톡톡히 수행한다.

튼튼히 하고 지역 선순환 모델을 발굴하고 개척하는 가운데, 지방분권과 환경 정책이 상호 긍정적인 결과를 도출할 수 있다는 말이 이번 지방선거에서도 유효하길 바란다.

경제 협력 사업보다 더 쉽게
공동의 목표를 발견할 수 있고
남북한의 동등한 역할을
존중해 줄 수 있는 의제가
바로 생물다양성 보전이다.
스포츠를 사랑하고 친구를 사랑하며
자연을 사랑하는 인간과 인간이
만나는 남북대화,
그리고 이를 실현하기 위한
한국 시민사회의 역할을 기대해 본다.

3

북한의 이동물새와 서식지 보전을 위한 국제 협력의 경과와 전망

박선영 (사)지역사회연구원 책임연구원

전 동북아환경협력프로그램 이동물새보전사업 코디네이터

2018년 1월 1일 김정은 북한 노동당 위원장이 신년사에서 북한의 평창동계올림픽 참가 의사와 남북대화의 필요성을 언급했다. 이후 1월 9일 남북고위급회담이 판문점에서 전격 개최되는 등 모처럼 남북간 교류와 협력에 대한 관심이 뜨겁다. 2014년 10월 인천에서 열린 아시안게임에 북한 대표단이 참가한 이후 다시 스포츠를 매개로 남북한 사이의 직접 대화와 교류가 촉발되고 있는 모양새다. 북한의 연이은 핵미사일 발사 실험과 남한의 사드 배치로 그 어느 때보다 한반도를 둘러싼 국제 사회가 '이에는 이, 눈에는 눈'이라는 힘의 논리에 매몰되어 있는 지금, 북한의 자연환경 보전을 위한 국제 사회의 노력이 갖는 의미를 어떻게 풀어내야 할지 막막했던 마음이 일순 가벼워지는 순간이다.

이 글은 2005년부터 몇몇 국제 환경 단체를 중심으로 진행되고 있는 북한의 주요 습지 보전과 현명한 이용을 위한 국제 협력 과정을 고찰하고 보다 안정적이고 지속적인 남북 환경 협력을 위해 우리가 배울 수 있는 점은 무엇인지 생각해 보고자 한다. 이제까지 국내 시민사회와 연구자들이 남북 환경 협력 사업 중에서도 주로 기후변화·에너지, 수질, 자연재해 방지 문제에 관심을 가졌다면[1] 이 글은 상대적으로 관심을 덜 받았던 자연환경 및 생물다양성 분야에서 이루어지고 있는 북한과의 협력 사업 및 북한의 최근 변화를 나누는 데 목적이 있다. 마지막으로 남북 환경 협력의 의제로서 남북한이 공유하는 이동물새 및 이들의 서식지인 습지를 함께 보전하기 위해 노력할 것을 제안하고 이를 위한 국내 시민사회의 역할을 생각해 보는 것으로 글을 맺는다.

짧은 성찰: 지난 10년이 남긴 것

이제까지의 남북 환경 협력 의제는 주로 에너지·기후변화 대응, 북한 산림 복구, 남북 공유 하천 관리, DMZ와 백두대간을 중심으로 한 자연환경 협력 등으로 가름할 수 있다. 이명박·박근혜 정부의 지난 10년 동안 다른 남북 교류 및 협력 사업과 마찬가지로 남북 자연환경 협력도 답보 상태에 머물렀다. 물론 이 기간에도 자연환경 분야에서 남북간의 협력을 기대하게끔 했던 정상들의 발언이 아예 없었던 것은 아니다. 이명박 대통령은 2008년

---

1   박상현·이정석·강택구, 「대북 환경협력 추진을 위한 남북한 협력과 국제기구 활용」, 『국제지역연구』 18(5), 2015, 253~276쪽.

10월 경남 창원에서 개최된 제10차 람사르당사국총회 개막식에서 "남북한이 뜻을 같이 한다면 한반도 생태계 공동 조사를 같이 할 수 있을 것"이라고 언급했다. 박근혜 대통령은 2013~2014년 북한의 연이은 핵실험으로 인해 남북 관계가 경색되어 있을 때에도 미 의회 연설, 69주년 광복절 기념 경축사, UN총회 등 국내외에서 수차례 'DMZ세계생태평화공원'[2] 조성을 제안했다.

그러나 이명박 대통령 재임 기간 중 후속 조치는 이루어지지 않았으며 박근혜 대통령의 'DMZ세계생태평화공원(안)'도 북한의 지지를 얻지 못하고 국내용으로만 사용되다가 잊혀지고 있다. 박근혜 정부의 '유라시아 이니셔티브' 아래 2015년 8월 착공된, 철원 백마고지역부터 월정리역까지 약 9.3킬로미터를 우선 연결하고자 했던 경원선 남측 구간 복원 사업은 2016년 6월 토지 매입 예산 부족을 이유로 잠정 중단되었다. 공사 시작 10개월 만에 중단될 사업 때문에 DMZ와 가장 가까워 DMZ 내 습지에서 잠을 자는 두루미들이 주로 먹이터와 휴식지로 이용하였던 철원의 논들이 파헤쳐졌다.[3]

2 이 구상의 원래 제목은 'DMZ세계평화공원(DMZ World Peace Park)' 이었으나 2014년 9월 박근혜 대통령의 UN총회 연설에서 'DMZ세계생태평화공원(DMZ World Eco-Peace Park)'으로 명칭이 변경되었다.

3 전 세계 두루미류 15종 중 7종(두루미, 재두루미, 흑두루미, 시베리아흰두루미, 검은목두루미, 쇠재두루미, 캐나다두루미)이 겨울 강원도 철원 지역에서 관찰된다. 이 중 두루미(Red-crowned Crane *Grus japonensis*, 전 세계 개체수 1,700~2,000 추정)와 재두루미(White-naped Crane *Grus vipio*, 전 세계 개체수 4,900~5,300 추정)는 각각 세계자연보전연맹(IUCN) 위기종(EN) 및 취약종(VU)으로 지정되어 있다. 전 세계 두루미와 재두루미의 50% 이상이 철원에서 겨울을 난다.(두루미 개체수 출처: 국제두루미재단(International Crane Foundation) 웹사이트 www.savingcranes.org)

왜 북한의 습지인가?

국제 사회는 왜 북한의 습지에 주목하는 것일까? 습지는 담수
저장 및 공급, 지하수 유지, 홍수 및 가뭄 조절, 다양한 생물들의
서식처 제공, 식량 및 연료 제공, 여가 및 휴양 기능, 기후변화 저
감 등의 기능을 한다. 그러나 국제 사회가 북한의 습지에 주목하
는 이유는 습지가 인간에게 주는 이와 같은 일반적 이익을 넘어
동아시아-대양주 이동물새경로(East-Asian Australasian Flyway,
이하 EAAF)[4]의 한가운데 위치하고 있는 북한의 생태적 중요성 때
문이다. EAAF는 전 세계 9개 철새이동경로 중 가장 빠른 속도로
전체 철새 개체수가 감소하고 있는 곳이다.[5]

특히, 중국과 북한, 남한이 공유하고 있는 황해 생태계 지역
은 1970년대 이후 중국과 한국에서 대규모 연안 매립 및 간척 사
업이 진행되면서 각각 전체 갯벌의 약 51% 및 60%가 감소되었
다.[6] 매년 봄·가을 번식과 월동을 위해 러시아 북동부 및 극지방
으로부터 짧게는 황해를 건너 중국 동남 해안, 멀게는 동남아시
아, 호주, 뉴질랜드까지 이동하는 도요·물떼새들의 경우 이동
시기 휴식을 취하고 먹이를 구할 수 있는 중간 기착지가 필수적

---

4   동아시아-대양주 철새이동경로(EAAF)는 극지역으로부터 동북아시
아, 동남아시아, 호주, 뉴질랜드 지역을 아우르며 22개 국가를 포함하고
있다.

5   맥키넌 J, 베르쿠일 Y.I & 머레이 N., 『동아시아 및 동남아시아의 조
간대 서식지에 대한 세계자연보전연맹 상황분석―발해만을 비롯한 황
해를 중심으로』, 세계자연보전연맹(IUCN) 종생존위원회 비정기간행물
47호, 4쪽.

6   맥키넌 J, 베르쿠일 Y.I & 머레이 N., 같은 책, 15쪽.

이다.

이들에게 중국의 동남 해안과 한국의 서남 해안 연안 습지의 파괴는 생존에 치명적인 위협이 된다. 따라서 국제 전문가들은 EAAF를 이용하는 물새들이 상대적으로 개발이 덜 진행된 북한의 연안 습지에 집중될 것이라 가정하였고 이는 뉴질랜드의 한 자연보전 단체에 의해 2009년부터 진행된 북한 서해안 이동 물새 조사에서 사실로 드러나고 있다.[7]

'2005 지속가능발전과 자연보전을 위한 동북아시아지역포럼'과 안변 두루미 월동지 복원 사업(2008~2015)

2005년 4월 중국 베이징에서 남북한, 중국, 일본, 러시아, 뉴질랜드, 미국 등 7개국에서 한국의 DMZ 보전에 관심을 가지고 활동하고 있었던 전문가 및 보전 활동가들이 만났다. 이 회의는 2004년 12월 도쿄에서 두루미 보호를 위해 국제적으로 활동하고 있었던 몇 사람이 모여 동북아시아의 두루미 서식지 분산 차원에서 북

그린 챌린지: 한국환경보고서 2018

7   2000년부터 중국 정부와 함께 중국압록강자연보전구역 도요새 조사를 진행한 뉴질랜드의 '미란다자연기금(Miranda Naturalists' Trust)'과 '미란다도요새센터(Miranda Shorebird Centre)'는 2007년 11월 뉴질랜드 외무부 장관의 북한 방문을 계기로 북한서해안도요새조사를 위해 협력할 수 있었다. 미란다도요새센터는 2009년 및 2015년에 평양 북서쪽 청천강 하구에 있는 문덕자연보전구역 일원에서 이동물새 조사를 진행하였다(미란다도요새센터의 2009년 조사 결과는 Birds Korea 홈페이지 http://www.birdskorea. org/Habitats/Yellow-Sea/DPRK/BK-HA-Miranda-Mundok-2009.shtml 참조. 2015년 조사는 미란다도요새센터 홈페이지 http://www.miranda-shorebird.org. nz/north-korea-may-2015 참조).

한 두루미 월동지 복원 사업이 필요하다는 데 뜻을 같이하면서 실현되었다.[8]

이 자리에서 DMZ와 생태적으로 연계되어 있는 북한 지역에 DMZ의 대표적 깃대종인 두루미와 저어새 보전을 위한 사업이 제안되었다. 북한의 원산과 연접해 있는 안변평야에 두루미 월동지를 복원하는 사업과 황해도 연안의 저어새 번식지를 보전하는 사업이었다. 회의 참가자들은 향후 위 사업의 지속적 실행을 위해 '지속가능발전과 자연보전을 위한 동북아시아 지역포럼(The Northeast Asia Regional Forum for Sustainable Development and Nature Conservation, 이하 동북아지역포럼)'을 구성하였다.

위의 두 가지 사업 중 저어새 보전 사업은 아직 실행되지 못하였으나 두루미 보전 사업은 '안변 지속가능 농업에 기반한 두루미 서식지 복원 사업'으로 발전되었다. 1990년대부터 일본야조회가 지구환경금융(GEF) 등의 지원을 받아 북한의 국가과학원 자연보호센터와 함께 북한 내 두루미 이동 경로를 파악하기 위한 연구조사를 진행한 적은 있었지만[9] 국제 사회가 공동으로 본격적인 북한의 습지 복원 사업을 기획한 것은 처음이었다.

---

8   2004년 12월 도쿄에서 조지 아치볼드 박사(Dr. George Archibald, 국제두루미재단 이사장), 노리타카 이치다(Noritaka Ichida, 당시 버드라이프 인터내셔널 부회장), 정종렬 교수(재일 북한조류학자, 당시 일본 조선대학교 교수), 그리고 한국에서는 정종렬 교수와 교류하고 있었던 한상훈 박사(당시 국립공원관리공단 반달가슴곰팀장)가 만남을 가졌다(정종렬, 「조선 안변의 두루미서식현황과 한반도 두루미 생태통일 방안」, 『2017 철원두루미국제심포지움 'DMZ두루미와 철원농부의 공생방안' 심포지움 자료집』, 2017, 85쪽., 2018년 1월 18일 한상훈 박사 전화 인터뷰).

9   정종렬·모리시다 쯔요시, 『동아세아지역의 두루미류의 중요서식지 보호계획보고서』, 재단법인 일본야조회, 1996.

안변 두루미 월동지 복원 사업은 2005~2006년 사업계획서 작성을 위한 북한 현장조사와 약 10개월 간의 예비사업 단계를 거쳐 2008년부터 본격적으로 시작되었다. 본래 이 사업을 구상했던 '2005 동북아 지역포럼'에는 국제두루미재단, 버드라이프 인터내셔널, IUCN 등 약 14개 단체가 참여하였으나 이후 사업이 진행되면서 국제두루미재단[10]이 사업에 필요한 재정 마련, 북한 현장 자문 등 핵심 역할을 자임했다.

북한 내 사업 담당 기관과의 연락 창구였던 환경교육정보센터(베이징 소재)의 행정 지원 역할도 중요했다. 무엇보다 재일 북한조류학자로서 남북한 전문가 및 국제 환경 단체들과의 가교 역할을 한 일본 조선대학교 정종렬 교수와, 정 교수와 긴밀하게 연락하며 안변 주민들과 협력했던 북한국가과학원 박우일 박사 등, 한반도 두루미 서식지 보전에 헌신한 북한 전문가들의 역할이 컸다. 국제두루미재단 아치볼드 박사는 2008년부터 매년 11월 중하순이면 북한을 방문한 후 중국을 거쳐 다시 한국을 방문하여 안변 두루미 월동지 복원 사업을 소개하는 것이 연례 일정이 되었다.[11] 이를 통해 보다 많은 국내 시민 및 단체들이 안변에 대해 알게 되고 후원하게 되었다.

2010년부터 안변 두루미 월동지 복원 사업에 파트너 기관으로 참여하고 있는 한스자이델재단 한국 사무소[12]의 경우 뒤늦게 안변 사업에 참여하게 되었지만 2003년부터 진행하고 있는

10 International Crane Foundation(1973년 설립, 미국 위스콘신 주 바라부 소재).

11 필자는 2008년부터 2015년까지 아치볼드 박사의 남한 방문 시 수행 통역을 담당하였다.

12 Hanns Seidel Foundation Korea office. www.hss.or.kr

북한과의 자체 협력 경험을 살려 이후 국제 사회의 북한 습지 노력의 외연이 확대되는 데 많은 기여를 하였다.

이외에도 경남람사르환경재단(2010년 지원) 및 많은 국내의 뜻있는 시민들이 안변 두루미 월동지 복원 사업을 후원하였다. 안변 사업에 대해서는 그동안 여러 차례 국내에 소개되었기 때문에 이곳에서는 더 자세하게 다루지는 않는다.[13] 2018년 1월 현재 안변 두루미 월동지 복원 사업은 사업의 핵심 역할을 담당했던 국제두루미재단이 2016년 미국 정부의 권고에 따라 이사회에서 더 이상 사업을 지원하지 않기로 결정하면서 잠정 중단되어 있다.[14]

북한의 습지 보전을 위한 국제 사회의 노력(2014-2017)

최근 북한 습지에 대한 국제 사회의 관심은 람사르협약과 같은 관련 국제 제도 내에 북한이 참여하도록 지원함으로써 북한의 습지 보전과 현명한 이용을 위한 보다 안정적인 국제 협력 체계를 구축하는 방향으로 발전하고 있다. 2014년 동북아 환경협력프로그램(North-East Asian Subregional Programme for Environmental Cooperation: NEASPEC, 이하 NEASPEC)[15]과 한스자

13　안변 사업에 대한 자세한 내용은 "북에서 온 두루미 되돌리는 데 한국인이 나서달라"《한겨레신문》 2013. 12. 24) 기사 참조.

14　"두루미 복원 통해 남북평화 기대했는데……"《동아일보》 2017. 10. 27); 국제두루미재단 조지 아치볼드 박사와의 이메일(2018. 1. 20).

15　1993년 한국 정부의 제안으로 만들어진 남북한, 중국, 일본, 러시아, 몽골 6개국이 참여하는 정부간 환경협력프로그램이다. 접경 지역 자연보

이델재단이 EAAFP, 베이징임업대학교 등과 함께 진행한 나선철새보호구역(1995년 지정된 두만강 하구 나선특별경제구역 동쪽에 위치한 북한의 보호구역) 조사가 단초가 되었다. 2007년 동북아시아의 깃대종인 포유류 3종(아무르표범, 아무르호랑이, 눈표범), 물새류 3종(저어새, 재두루미, 흑두루미)을 중심으로 자연보전 전략을 마련한 NEASPEC은 러시아, 중국, 북한의 접경 지역이자 호랑이 서식지와 저어새 및 두루미의 중간 기착지가 겹치는 두만강 하구의 중요성을 염두에 두고 있었다.[16]

여기에 2009년부터 라선시와 농업 및 어업 훈련, 무역박람회 개선 등을 위해 협력하고 있었던 한스자이델재단이 파트너가 되면서 2014년 3월 말 나선철새보호구역에 대한 현장조사가 이루어졌다.[17] 조사 결과 조류 111종 및 4만 마리가 넘는 물새가 관찰되었으며 검은머리갈매기, 재두루미, 흑두루미, 붉은어깨도요, 알락꼬리마도요 등 국제적으로 멸종 위기에 처해 있는 종들도 다수 발견되었다. 이 조사를 통해 나선습지보호구역에 대한 장기 모니터링 및 관리 계획 수립, 나선습지보호구역의 람사르습지 지정, 두만강 하구 보전을 위한 초국적 협력 계획 개발 등이 제안되었다.[18]

전, 월경성 대기오염, 사막화, 저탄소 사회, 해양보호구역 등 5개 분야에서 동북아 국가들의 소통 및 협력프로그램을 진행하고 있다(www.neaspec.org 참조). 사무국은 인천 송도에 위치한 유엔경제사회이사회 북동아시아사무소(UNESCAP ENEA office)에서 담당하고 있다.

16 UNESCAP ENEA 부대표 남상민 박사 전화 인터뷰(2018. 1. 18).

17 한스자이델재단 대표 베른하르트 젤리거(Bernhard Seliger) 박사 이메일 인터뷰(2018. 1. 26).

18 NEASPEC, "Rason Migratory Bird Reserve: Birds and Habitats", UNESCAP ENEA & Hanns Seidel Foundation, 2014.

그린 챌린지: 한국환경보고서 2018

다음해인 2015년 10월 말 평양에서 북한 습지 보전을 위한 국내 워크숍이 개최되었다. 이 워크숍은 북한의 환경조정위원회와 국토환경보호성이 주관하고, 한스자이델재단, 람사르협약, IUCN, UNEP, WWF 등 국제기구 및 단체의 후원으로 성사되었다. 특히 2014년부터 EU의 후원으로 북한 국토환경보호성과 함께 북한 내 산림 복원 사업을 진행하고 있었던 한스자이델재단이 북한 습지 보전 워크숍의 필요성을 제안하였으며 북한과 국제 사회를 잇는 가교 역할을 하였다.[19] 이 자리에서 국가습지위원회 설립, 국가습지목록 갱신, 북한의 람사르협약 가입 등이 논의되었다.

북한 습지 보전을 위한 국제 사회의 기존 노력이 안변, 라선, 문덕 등 북한 내 개별 습지의 중요성을 부각시킴으로써 북한 습지의 가치를 강조했다면 2015년 평양워크숍은 북한 내 습지 보전을 위해 관련 부처, 지방정부, 전문가 등 국내 이해당사자와 국제기구 및 단체들이 한 자리에 모여 북한 습지 보전을 위한 국내 정책의 발전 방향 및 국제 사회와의 협력을 논의했다는 점에서 의미가 있다.[20]

북한은 교토의정서(2005년 7월 국내 발효), 파리의정서(2016년 11월 발효)를 포함한 기후변화협약 및 생물다양성협약(1995년 가입)의 당사국이다. 람사르협약에도 1996년 호주 브리스번에서 열린 제6차 당사국총회부터 옵서버로 참여하고 있지만 2015년

19 한스자이델재단 대표 베른하르트 젤리거(Bernhard Seliger) 박사 이메일 인터뷰(2018. 1. 26).
20 2015년 10월 평양워크숍에 대한 자세한 내용은 람사르협약 홈페이지 관련 내용 참조. https://www.ramsar.org/news/workshop-on-wetlands-conservation-held-in-the-dpr-korea

평양워크숍에서 북한의 람사르협약 가입 논의가 처음으로 구체적으로 다루어지게 되었다.

　평양워크숍 이후 한스자이델재단과 람사르협약을 중심으로 북한을 이동물새와 서식지 보전을 위한 제도에 편입시키고자 하는 노력이 지속되었다. 2016년 8월 북한 관료들과 전문가들은 몽골에서 개최된 '재두루미를 통한 동아시아 습지 생물다양성 보전 강화' 국제 워크숍 및 몽골 재두루미 서식지 현장 조사에 참여하였다. 이 자리에서 북한 전문가들은 처음으로 국제 재두루미 TF팀과 교류하고 두루미밴딩 및 모니터링 기법, 서식지 관리 방안 등에 대해 배울 수 있었다. 2016년 9월에는 금강산에서 람사르협약 등과 함께 국가습지목록 갱신 및 문덕, 라선과 같은 북한의 잠재 람사르습지의 현황 작성에 대해 논의하였다. 2016년 11월 베이징에서 열린 NEASPEC 자연보전 및 접경지역 협력 워크숍에서는 물새 보전을 위한 협력뿐만 아니라 현재 진행되고 있는 중국-러시아 간 호랑이 보전을 위한 연구조사 프로그램에도 큰 관심을 보였다. 2017년 9월에는 북한 국토보호성 관료들과 국가과학원 연구자가 약 1주일 동안 WWF 홍콩이 위탁 관리하고 있는 홍콩 마이포 자연보전구역(Mai Po Nature Reserve)을 방문하여 습지 보전 및 관리에 대한 훈련을 받고 국제 단체들과 워크숍을 개최하기도 하였다.[21]

　2014년부터 국제기구 및 단체들이 북한의 참여를 이끌어낸 워크숍 및 회의 현황은 옆의 〈표〉와 같다. 2015년 10월 평양워크숍 이후 약 3~5개월마다 관련 국제 워크숍 및 회의가 개최된 것

21　2017년 9월 홍콩워크숍에 대한 자세한 내용은 Birds Korea 블로그 관련 내용 참조. http://www.birdskoreablog.org/?p=19794

[표] 2014–2017 북한 습지 보전 및 현명한 이용을 위한 국제워크숍 및 회의 개최 현황
(람사르협약, EAAFP, 한스자이델재단, Birds Korea 홈페이지 및 관계자 인터뷰를 참조하여 필자 작성)

일시	주제(장소)	주요 참가 국제기구(단체)
2014년 3월	나선철새보호구역 현장조사 및 워크숍[22](나선)	주관: NEASPEC/UNESCAP–ENEA, 한스자이델재단 협력: EAAFP, Birds Korea, 베이징임업대학교, 연변대학교 등
2015년 10월	북한 습지 보전을 위한 워크숍(평양)	주관: 람사르협약, WWF, IUCN, UNEP, 한스자이델재단
2016년 3월	IUCN 멸종위기종 및 보호지역 훈련 프로그램(베이징)	주관: IUCN 참석: 남북한, 중국, 몽골, 한스자이델재단
2016년 5월	세계 철새의 날 기념 북한 국내워크숍 (평양)	주관: 한스자이델재단 협력: EAAFP, Birds Korea, 베이징임업대학교
2016년 8월	재두루미를 통한 동아시아 습지 생물다양성보전 강화 국제워크숍(몽골)	주관: 국제두루미재단 참석: 남북한, 중국, 몽골, 러시아, 한스자이델재단, EAAFP, NEASPEC
2016년 9월	북한 람사르협약 가입 논의를 위한 국제 대표단 방문(금강산)	주관: 람사르협약, 한스자이델재단
2016년 9월	황해/서해 조간대습지 보전을 통한 동북아시아 습지 보전 및 현명한 이용 워크숍[23](중국 장수성)	주관: 람사르협약, EAAFP, 한스자이델재단
2016년 11월	동북아시아 자연보전 및 접경지역 협력을 위한 워크숍(베이징)	주관: NEASPEC, UNESCAP–ENEA 참석: 남북한, 중국, 일본, 몽골, 러시아, 한스자이델재단 등
2017년 6월	서해연안의 간석지습지와 철새보전을 위한 국내토론회(평양)	주관: 한스자이델재단, EAAFP, IUCN
2017년 9월	북한 환경 보전을 위한 훈련 프로그램 및 워크숍(홍콩)	주관: 한스자이델재단, 람사르협약, WWF 홍콩, 홍콩야조회 등

22 한스자이델재단과 Birds Korea는 2014년 7월, 2016년 11월 및 2017년 4월에 나선철새보호구역에 대한 조사를 3회 더 진행하였다. 이외에도 앞서 소개한 미란다도요새센터, 몽골야생동물보전센터(Wildlife Science and Conservation Center of Mongolia) 등의 북한 습지 현장조사도 계속 진행되었지만, 이해당사자들이 만난 회의 중심으로 정리한 이 표에서는 생략하였다.

23 이 워크숍은 2016년 9월 19일부터 24일까지 중국 장수성에서 열린 제10차 세계생태학회(International Association for Ecology: INTECOL) 국제습지회의의 일부로 개최되었다.

을 알 수 있다. 일견 동일한 내용의 워크숍이 반복되는 것처럼 보이지만 이는 북한과의 협력 방식의 특수성에서 비롯된 것이다. 외부와 이메일 교환 등이 자유롭지 않은 북한과의 협력을 지속하기 위해 국제 사회는 다음 사업 일정을 현지에서 미리 협의하고 확정해야만 했다. 따라서 내용이 좀 중복되더라도 가까운 시일 내에 북한과 다시 협력할 수 있는 기회를 만드는 것이 논의를 지속하고 발전시키는 데 매우 중요했다.[24]

한반도 자연환경공동체 실현을 위한 한 걸음

북한 습지 보전을 위한 국제 사회의 노력은 작지만 눈에 보이는 성과를 얻으며 한 걸음씩 진전하고 있다. 2015년 10월 평양에서 처음으로 북한의 습지 보전을 위한 국내 워크숍을 개최한 후 수차례의 국제 단체들과의 협의와 현지조사 끝에 북한은 2017년 말 람사르협약 가입을 신청했다. 그리고 지난 2월 6일 람사르협약 사무국은 북한이 람사르협약의 170번째 당사국이 되었음을 알렸다.[25] 람사르협약 가입 이외에도 북한은 2017년 초 이미 '동아시아-대양주 이동물새 파트너십(EAAFP)'의 회원국가로 참여하고 싶다는 의사를 밝혔으며 2017년 6월에는 북한의 국토환경보호성이 IUCN의 정부기관회원으로 가입하였다.[26]

24 한스자이델재단 북한 사업 담당 글렝크 펠릭스와의 인터뷰(2018. 1. 8).

25 www.ramsar.org/news/the-democratic-peoples-republic-of-korea-to-become-the-170th-contracting-party-to-the

26 이로써 북한의 IUCN 회원기관은 조선자연보호연맹(1963년 가입, 국가

그린 챌린지: 한국환경보고서 2018

이외에도 한스자이델재단 북한 사업 담당인 글렝크 펠릭스 (Glenk Felix)는 2000년대까지 국제 사회에 알려지지 않았던 북한의 습지와 이를 이용하는 물새들의 현황이 조사되고 데이터가 축적된 것 또한 매우 고무적인 성과로 꼽았다. 뿐만 아니라 워크숍 및 국제회의 개최가 지속되면서 북한의 습지 보전에 관심을 가진 국제기구, 단체, 전문가로 이루어진 국제 협력 네트워크 또한 점점 더 확대되고 있다. 이제까지 관련 국제 워크숍이나 회의에 참석한 국제기구/단체만 하더라도 20여 개가 넘어선다.[27]

다만 이와 같은 네트워크에 한국의 정부기관, 단체, 전문가 등이 거의 참여하지 못하고 있는 점은 과제로 남는다. 이제까지 북한의 습지 보전을 위한 국제 협력은 한국을 제외한 북한과 국제기구/단체들과의 협력이었다. 현재 진행되고 있는 북한의 주요 습지 및 이동물새를 보전하는 일은 곧 남한의 멸종 위기 조류 및 서식지를 보전하는 일이다.

북한의 서해안 문덕에서 발견된 개리(Swan geese, *Anser cygnoides*) 집단은 이동 시기 한강 하구와 파주 곡릉천 일대 또한 이용하며 나선철새보호구역에 중간 기착하는 검은머리갈매기, 재두루미, 흑두루미는 각각 인천 송도, 철원, 천수만, 순천 등지에서도 발견된다. 금강산과 설악산은 지리적으로도 연접해 있는 하나의 생태계이다. 따라서 철원과 천수만, 순천만의 두루미 서식지를 보호하고 설악산을 자연 그대로 보전하는 것이 곧 북한의 생물다양성을 보전하고 강화하는 일이다.

NGO회원)과 국토환경보호성(2017년 가입, 정부기관회원) 2곳이 되었다.
27 한스자이델재단 북한 사업 담당 글렝크 펠릭스(Glenk Felix)와의 인터뷰(2018. 1. 8).

2018년 1월 철원 한탄강에서 월동하고 있는 물새들의 모습. 천연기념물 두루미, 재두루미, 흑두루미, 고니가 한 자리에 모여 있다. ©진익태

선언적인 남북환경공동체에 대한 강조보다는 이와 같이 지리적으로, 생태적으로 연계되어 있는 지역들을 우선 보전하는 구체적인 행동이 필요하다. 단계적 접근 방법으로 북한의 습지 보전을 위해 우선 기존의 국제 네트워크를 지원하고 활용하는 방법이 있을 수 있다. 이와 함께 습지 보전을 통한 한반도 생물다양성 보전과 강화를 남북 환경 협력의 의제로 상정하여 남북간의 직접 협력 및 지원 창구 또한 개발해야 한다.

경제 협력 사업보다 더 쉽게 공통의 목표를 발견할 수 있고 남북한의 동등한 역할을 존중해 줄 수 있는 의제가 바로 생물다양성 보전 문제이다. 어떤 이는 김정은 위원장의 스포츠 사랑이 북한의 평창동계올림픽 참여를 결정하게 한 것 아니냐는 이야기를 한다. 스포츠를 사랑하고 친구를 사랑하며 자연을 사랑하는 인간과 인간이 만나는 남북대화, 그리고 이를 실현하기 위한 한국 시민사회의 역할을 기대해 본다.

현실에서는 성 불평등, 빈부차,
환경소외 등의 문제들이
서로 밀접히 연결되어 있다.
이런 문제를 접근하기 위하여
다층적인 관점이 필요하며,
다층적 관점이 현실을 풀어가기 위한
실질적 정책으로 전환되어야 한다.
그런 다층적 정책이 실현된 상태를
우리는 생태복지라고 부를 수 있다.
생태복지의 뜻은 간단하다.
생태복지란 성 불평등, 빈부격차,
산업재해 노출 및 위험 환경 노출,
장애인 차별 등의 환경 약자를
사회 네트워크 안에서
통합적으로 만나는
공공성 평등 정책의 하나다.

4

환경 불평등, 빈곤층에게 가중되는 환경 피해

박정운 녹색사회연구소 사무국장

그린 챌린지: 한국환경보고서 2018

올 겨울은 영하 20℃에 육박하는 혹한의 날씨가 일주일 내내 계속되다가 풀린다 싶으면 미세먼지가 전국을 뒤덮었다. 17년 만의 최강 한파라는 날씨에 서울의 한 쪽방촌은 연탄불을 피워 추위를 견뎌보지만 웃풍까지 막기에는 역부족이었고 기름 값 걱정에 보일러는 꺼둔 채 전기장판과 이불로 버텨[1]내야 했다. 이와 같은 주거지의 난방 부족은 만성적인 감기, 기관지염, 심장질환과 같은 질병을 유발하는 등 건강을 악화[2]시키고 있는 것으로 나타났다. 가난한 인도의 대도시 사람들이 더 심한 환경오염 피해를 받고 있으며, 가난한 방글라데시의 사람들이 이상 기후로 생긴 자연재해에 더 심하게 시달리고 있다. 환경 위기를 대처하는 사람들 사이에서도 이미 불평등이 만연되어 있고 계급화가 착종

---

1   "보일러 끈 지 일주일—쪽방촌의 매서운 한파", MBN 뉴스, 2018. 2. 7.
2   이정필, 「에너지 빈곤의 현황과 에너지 복지를 위한 과제」, 2017. 9. 1.

되고 있다.

세계은행에 따르면, 기후변화와 관련된 온도 상승이 전 세계적으로 빈곤 문제와 불평등 문제를 악화시키면서 지구촌 곳곳에서 사회 불안으로 이어지고 있다[3]고 한다. 매년 기후변화 관련 사망자 수가 35만 명, 경제적 손실은 1,500억 달러로 추정되며,[4] 기후변화가 건강, 물, 식량에 영향을 미치며 인권을 침해하는 문제로 부각되고 있다. 이는 에너지·자원 소비량은 고소득 계층, 선진국이 절대적으로 많음에도 불구하고 피해는 취약 계층, 저개발국에 집중되는 기후 부정의(不正義) 문제를 낳는다.

최근에는 미세먼지, 유해화학물질, GMO 등으로 환경 문제들이 고도화된 양상을 띠면서 예전에 사용하지 않았던 가습기, 정수기, 공기청정기, 유기농 식품 등 환경 제품이 등장하였다. 환경 악화로 인해 만들어진 이러한 환경 상품들은 소득에 따라 구매 능력의 차이를 보이며, 결국 환경오염 회피 능력의 차이를 낳고 있다. 소득이나 교육 등 각 분야에서 나타난 양극화 현상이 환경 분야의 양극화를 낳으며 저소득 계층의 환경 피해가 악화되고 고착되고 있다.

특집: 2018년 녹색 포커스

3   윤남희, 「2℃가 가져온 위험: 기후변화, 이제는 빈곤과 불평등의 문제로」, 2014. 4. 7.

4   DARA(2010), "Climate Vulnerability Monitor 2010-the State of the Climate Crsis", 고재경(2012) 재인용.

환경 불평등과 사회 불평등이 맞닿는 몇 가지 사례들: 폭염과 한파에 노출된 에너지 빈곤층

빈곤한 사람들이 자동적으로 사회에서 배제되고 있는 것이 자본주의 사회의 현실이다. 그중에서 환경적으로 소외되고 있는 빈곤층의 형성은 사회적 배제의 심각한 단면으로 나타나고 있다. 사회·경제, 인구학적·지리적·정책적 요인 때문에 기본적인 환경재와 환경 서비스를 공급받지 못하거나, 불공평하게 환경오염 피해를 겪거나 환경 비용을 부담하며, 정책 과정 참여 기회에서 배제된 집단'을 환경 약자[5]라 정의한다. 주거 형태나 노동 형태, 소득 등 사회적 불평등으로 인해 빈곤층이 겪는 환경 약자로서의 환경 불평등의 영향력은 매우 크다. 구체적으로 폭염과 한파에 노출된 우리의 이웃을 들여다보자.

2005년 7월 10일 경기도 광주에서 중학교 3학년생인 남 모 씨의 둘째 딸이 집에서 촛불을 켜놓은 채 잠이 들었다가 화재로 숨지는 사고가 발생했다. 건설 현장의 일용직 인부로 일하는 남 씨는 일거리가 줄어들면서 수입이 없어 전기료 88만 원을 체납했다. 그리고 전기장판으로 겨울을 나면서 전기료가 많이 나왔고, 이를 납부하지 못해 단전된 상태였다.[6] 저소득층의 에너지 지출액은 가계 지출에서 큰 부담이다. 2008년 당시 우리나라의 소득 수준 하위 10%에 속하는 가구의 에너지 지출액이 경상소득

5   고재경·김동영·이양주·강상준·이정임·송미영, 『미래의 복지는 환경복지』, 『이슈&진단』, 경기개발연구원, 2012..

6   "전기료 못 내 촛불에 죽은 여중생, '에너지 기본권' 논란 점화", 《프레시안》, 2005. 7. 13.

에서 차지하는 비중은 14.2%로 전체 평균(3.04%)의 4.5배이며, 2007년 대비 2008년 월평균 연료비 지출이 11.6% 상승하여 상위 10% 가구의 4.0% 증가와 대조적이다.[7]

최근 기후변화로 인해 빈번하게 나타나는 폭염과 한파에 대한 대처/회피 능력 부족은 저소득층과 취약 계층을 더욱 열악한 상황에 놓이게 한다. 기후변화행동연구소가 실태 조사한 내용에 의하면, 2010년 7월 폭염주의보가 발령됐던 당시 서울시 돈의동 쪽방촌의 오전 평균 기온은 31.5℃로 바깥 기온(28.3℃)을 초과했고, 쪽방촌에 거주하던 노인들은 어지러움과 구토 등을 호소했다.[8]

에너지 빈곤과 관련하여 이정필[9]은 다음과 같이 설명한다. 첫째, 에너지 빈곤의 일차적 원인은 저소득으로 실직이나 건강상의 문제 등으로 인한 노동 기회 부족이나 박탈, 그리고 제한된 급여 및 연금 수령 때문에 에너지를 구입하는 데 필요한 비용을 지불하기 어려워지기 때문이다. 둘째, 경제적 빈곤과 밀접히 연결된 것이기도 하지만, 노인·장애인·한 부모 가구 등 사회적 취약 계층이 에너지 빈곤에 취약하다. 셋째, 단열 상태가 부실한 노후 주택에 거주하며 비효율적인 냉난방 기기를 교체하지 못하였을 경우에 에너지 빈곤이 발생하기 쉽다. 넷째, 에너지 효율이 떨어지는 노후 에너지 기기들, 예를 들면 에너지 등급이 낮은 가전제품과 비효율적인 가스나 전기 난방 기기 등을 사용할 경우

7   고재경 외, 같은 책.
8   기후행동연구소, 「폭염이 서울시 쪽방촌 독거노인에게 미치는 건강 영향 조사」, 2010.
9   이정필, 「에너지 빈곤의 현황과 에너지 복지를 위한 과제」, 2017. 9. 1.

에 에너지 비용이 증가한다. 다섯째, 원유와 천연가스 가격의 상승 등으로 에너지 가격 자체가 비싸질 경우에도 에너지 빈곤이 악화될 수 있다. 여섯째, 상대적으로 저렴한 에너지, 즉 도시가스에 대한 접근성이 떨어질 경우, 에너지 빈곤이 발생할 수 있는데 이는 도시-농촌이라는 사회 공간적 격차와 관계한다. 일곱째, 정부와 공공기관이 제공하는 에너지 복지 프로그램에 대한 정보가 부족하여 혜택에서 소외될 경우 에너지 빈곤 상태가 지속될 수 있다. 그는 에너지 빈곤의 원인이 다양하며 복잡하게 얽혀 있기 때문에 에너지 복지 정책은 여러 각도에서 접근해야 한다고 말한다.

깔창 생리대에서 독성 생리대까지, 피해의 악순환에 노출된 저소득층 가정의 여성 청소년

"생리대 살 돈 없어 신발 깔창, 휴지로 버텨내는 소녀들의 눈물"[10] 이란 제목의 2016년 5월 모 일간지 기사 내용은 빈곤 여성 청소년들의 아픈 현실을 세상에 드러내며 파장을 일으켰다. 기초생활수급 가정의 경우 국가보조금을 지원받지만 주거비, 식자재비, 교통비 등 의식주 관련 필수 품목의 지출이 우선되면 생리대를 구입할 돈이 부족한 것이 현실이다.

생리대는 여성이 수십 년 동안 사용하는 필수품인데, 우리나라 생리대 값은 개당 331원으로 일본과 미국 191원, 프랑스

그림 챌린지: 한국환경보고서 2018

10 "생리대 살 돈 없어 신발 깔창, 휴지로 버텨내는 소녀들의 눈물", 《국민일보》, 2016. 5. 26.

218원, 덴마크 156원 등 경제협력개발기구 회원국 중에 가장 비싸다. 정부는 생리대를 생활필수품으로 인정, 2004년부터 부가가치세를 면제해 주고 있지만 거의 독과점에 가까운 생리대 업체들은 가격 인하는 신경 쓰지 않았고, 오히려 국내 생리대 시장을 과반 이상 점유하고 있는 유한킴벌리는 기존 제품 3종의 가격을 8~20% 올리려 했다. 2017년 3월 여성환경연대는 '일회용 생리대 유해물질 조사 결과'를 통해 여성의 건강과 안전이 심각한 위협에 노출되어 있다고 밝혔다. 독성 생리대 논란이 일자 안전장치 마련을 요구하는 목소리들이 높아지는 한편, 고가의 유기농 및 면 생리대를 구입[11]하려는 여성들도 많아졌다. 그러나 가계 살림을 고려할 수밖에 없는 저소득층 가정의 여성 청소년들에게는 여전히 선택의 여지가 없음은 물론이다.

깔창 생리대 논란 이후 보건복지부와 지자체는 저소득층 청소년(중위 소득 50% 이하 의료·생계급여 대상 가정의 11~18세 청소년과 지역아동센터 등 시설이용자) 대상 29만 명을 지원했고, 김삼화(현 바른미래당) 의원은 위생 필수품인 생리대를 화장실에 휴지 제공하듯 보편적으로 지원해야 한다고 주장[12]도 했지만, 여전히 고가의 생리대 가격을 규제할 제도적 근거를 해결하지 못하고 있다. 정부와 사회 안전망이 제대로 작동하지 못하면서[13] 유해화학물질에 노출될 수밖에 없는 사회적 약자, 저소득 계층에 이중삼중으로 집

---

11 "생리대 안전하다고? 불안감 여전…… 유기농·약국 생리대 불티", 《데일리안》, 2018. 1. 5.

12 녹색사회연구소, 이슈브리핑, "일회용 생리대에 함유된 유해성분과 여성 건강", 2017. 10. 10.

13 최경호, 「살충제 달걀에서 발암물질 생리대까지」, 『그린챌린지: 한국 환경보고서 2018』, 알렙, 2018.

중된 빈곤의 문제는 위생과 건강 문제 등 피해의 악순환을 가져올 뿐 아니라 대물림될 경우 다음 세대로까지 영향을 미칠 수밖에 없다.

원전의 하청 노동자의 안전 문제와 양극화[14]

원자력 발전은 핵분열이라는 대단히 위험한 에너지 생산 방식과 방사성 물질이라는 대단히 치명적이고 관리하기 어려운 위험 물질을 수반하는 기술[15]로, 핵발전소에서 근무하는 노동자들은 기본적으로 방사선 누출의 직접적인 위험 요인을 안고 노동을 하고 있다. 방사선안전관리 노동자들의 업무는 발전소 내의 오염도와 방사선 선량을 측정하고, 오염물질을 제거(제염)하고, 작업복을 세탁하거나 폐기물을 처리하고, 작업자들의 피폭량을 확인하는 등 안전관리를 위한 대부분의 업무를 담당하고 있다. 이 때문에 안전교육이 중요하다. 그러나 원전 근무 노동자들 역시 한국 사회 비정규직 노동자들 일반의 문제, 즉 불법 파견과 고용 불안, 그리고 저임금과 열악한 노동 환경 등 차별적인 처우를 받고 있다.[16] 정규직 노동자는 안전교육을 비롯해 각종 교육 기회가 많은 데 비해 용역업체 직원들은 안전교육을 받을 수 있는 기회

---

14   이 문단의 내용은, 이강준 「핵발전 노동과 안전」(2017. 7. 29)에서 발췌·요약하였다.

15   유정민, 「원전시설과 환경정의」, 『청소년을 위한 대한민국 환경정의 보고서』, 환경정의연구소, 2013.

16   이강준, 「핵발전 노동과 안전」, 2017. 7. 29.

그린 챌린지: 한국환경보고서 2018

가 적으며, 교육을 시행한다고 해도 구체적이지 않아 실효성이 없을뿐더러 교육을 받으러 가려면 대체 인력을 투입해야 하는 조건에서 쉽지 않다. 특히, 영세한 재하청 업체의 경우 안전투자가 미흡한데다 간헐적인 발주에 따른 잦은 업체와 인력 변동으로 안정적인 관리와 교육이 어려운 상황이다.

2015년 4월 말 한국원자력산업회의가 발간한 자료를 보면, 핵(원자력) 산업 분야 전체 인력은 2만 8,974명이었고, 원자력 산업 분야 총매출액은 21조 4,221억 원, 원자력 공급 산업체의 매출액은 전년 대비 10.8% 증가한 5조 8,195억 원이었다. 원자력 발전 사업자는 2004년 9조 86억 원에서 2013년 15조 6,026억 원으로 연평균 6.3% 성장하였으며, 원자력 공급 산업체는 2조 2,905억 원에서 5조 8,195억 원으로 연평균 10.9% 성장한 것으로 나타났다. 매출 증가와 높은 성장에도 불구하고, 2014년 한수원 자료에 따르면 정규직은 전체의 34%에 그쳤고, 비정규직 6%, 사내 협력 업체 직원이 60%인 것으로 드러났으며, 특히 영광의 한빛원전은 전체 종사자 중 74%, 월성원전 65%, 고리원전 56%가 비정규직 또는 협력 업체 직원이었다. 치명적이고 관리하기 어려운 위험물질을 담당하고 있는 핵발전소 노동자들을 효율성과 이익의 관점에서 접근하며 비정규직, 하청업체 직원의 형태로 노동력을 착취하는 구조는 종국에 시민 안전에도 심각한 위협을 초래할 수밖에 없다.

이처럼 빈곤을 낳고 있는 사회 구조와 현상이 환경 불평등으로 이어지는 문제를 해결하기 위해서는 정부의 환경 정책에 개입하는 것 외에 복지국가 담론에 대한 녹색화가 필요하다. 환경운동이 시민사회의 다양한 주체들과 연대를 통해 한국형 생태복지 국가(사회)에 대한 담론을 형성하고 확장시키는 노력이 필요한 이유이다.

환경 약자를 위한 환경 정책

점점 더 고도화되어 가는 새로운 위험사회의 도래 속에서 취약층과 빈곤층에게 더 많이 노출될 수밖에 없는 환경 불평등 문제와 사회 불평등을 가져오는 양극화 문제를 완화시키도록 정부의 환경 정책에 개입하는 것은 중요하다. 2012년 2월 '환경정책기본법'이 개정되어 '국가와 지방자치단체는 지역 간, 계층 간, 집단 간에 환경 관련 재화와 서비스의 이용에 형평성이 유지되도록 고려한다'는 조항이 기본 이념에 포함됨으로써 환경 약자의 권리 보호 및 환경 복지 원칙에 관한 법·제도 기반을 마련하였다. 그리고 환경보건종합계획 수립(2011~2020, 환경 유해 인자로부터 취약 지역 및 취약 계층 건강 보호, 환경오염으로 인한 피해 저감), 서민 생활 보호 안정화를 위해 에너지 소비 지원(산업통상자원부), 폭염 대비 노인 등 취약 계층 인명 피해 예방을 위해 특별교부세 지원 등 폭염 피해 방지 대책 강화 등[17]을 세웠다. 그러나 여전히 환경 불평등 문제를 해결하는 것에는 다가가지 못하고 있다.

　선택적 복지가 필요한 환경 약자의 복지를 개선하기 위해 1) 환경책임법제, 지역사회 알권리법 제정, 건강영향평가와 사

17　고재경, 「환경복지에 대한 이해와 과제」, 2014. 7. 29.

회영향평가 등을 통해 모든 정책 과정에서 환경 약자를 고려 2) 환경 서비스 형평성 제고를 위한 맞춤형 정책 개발과 지표를 설정, 환경 복지 중점 지구 지정 및 마을 만들기 사업 등을 시행하여 지역 간, 계층 간 환경 서비스 격차를 해소 3) 환경 복지 사업을 취약 계층 일자리와 연계해야 한다.[18] 다시 말해서 환경 약자를 위한 정책의 기본은 복지 정책과 환경 정책 양자를 수용해야 한다는 데 있다.

환경 정의 실현을 위한 관심과 연대

환경 정의[19]는 모든 사람이 환경과 보건적 유해 요소로부터 동일하게 보호받고, 거주지와 학교, 일터를 건강한 환경으로 만들기 위한 의사결정 과정에 모두가 동등한 접근권을 가질 때 달성[20]될 수 있으며, 환경법과 정책을 인권(civil rights) 운동과 결합하여 인권의 문제로 그 외연을 확장[21]시키는 것이 중요하다.

18 환경 복지는 환경 기본권 충족을 위한 보편적 복지로서 원칙적으로 모든 국민을 대상으로 제공하며, 필수재로서 환경에 대한 기본적인 필요 충족에서 배제된 지역, 계층 등 환경 약자 우선 대상, 건강 민감 계층이나 사회 경제적 지위가 낮은 집단의 차이를 고려한 차별적 접근을 말한다.

19 미환경보호처(EPA)는 환경 정의를 "개발, 이행, 환경법·규정·정책의 시행과 관련하여 인종, 피부 색깔, 국적, 수입 등을 불문한 모든 사람의 공평한 취급(fair treatment)과 의미 있는 관여(meaningful involvement)"라고 정의하고 있다.

20 고재경 외, 같은 책.

21 김홍균, 「환경위험에 있어서의 불평등해소방안: 환경정의」, 《인권과 정의》, 2013. 2.

인간의 삶을 유지하는 데 꼭 필수적인 에너지를 사용할 수 있는 권리 즉, '에너지 기본권'을 위해 국가는 '에너지 빈곤' 가구를 보호할 의무가 있다.[22] 가난해서 전기요금을 내지 못하는 사람에게 전기를 끊는 행위는 가장 최악의 환경 부정의에 해당한다. 독일을 포함한 많은 유럽 국가에서 시행되는 최저 환경 사회보장 제도는 공공 사회의 기초가 되어야 한다.

핵발전소와 같은 위험 시설에 근무하는 노동자들의 경우, 노동기본권과 안전망 구축은 '탈핵'과는 다른 관점에서 우리 사회가 책임질 필요가 있다. 최하층 핵발전 노동자 문제를 인식하고 사회적으로 의제화하기 위해서, 첫째, 핵발전소 최하층 노동자 실태조사와 모니터 시스템 구축, 둘째 실태조사를 토대로 제도 개혁 과제 연구, 셋째 핵발전 노동과 안전을 주제로 네트워크를 구성하고 실천 과제 모색 필요(예컨대. 시민단체와 노조가 연대하여 '핵발전소 비리 감시와 노동기본권 확보 네트워크' 구성), 넷째, 핵발전소 노동자의 정의로운 전환을 위한 연구와 실천 과제가 제시되고 있다.[23]

한국형 생태복지국가를 위한 담론의 확대

자본주의 한계 극복을 위한 복지국가는 환경 문제를 소홀함으로 인해 생태계 위기를 초래, 지속 불가능하므로 복지국가의 녹색

그린 챌린지: 한국환경보고서 2018

22 고정근, 「에너지 빈곤과 환경 정의」, 『청소년을 위한 대한민국 환경 정의 보고서』, 환경정의연구소, 2013.
23 이강준, 「핵발전 노동과 안전」, 2017. 7. 29.

한국에서 더 많은 생태복지 담론이 확대되어야 한다. ©녹색사회연구소

화가 필요하다는 논의[24]가 이루어지고 있다. 2006년 한겨레 '선진대안포럼'[25]에서 홍성태는 빈곤 문제나 복지 투자가 활성화되지 않으면, 환경 문제는 개선되지 않기 때문에 환경 문제를 개선하기 위해서라도 전통적인 복지 문제에 관심을 가져야 한다고 했다. 또한 더 이상 자연을 파괴해서는 분배가 의미가 없다는 것을 정확히 드러내고 보여주는 것이 올바른 복지 정책을 세우는 데서도 유용하다고 강조한다. 임금도 인상하고 복지 시스템을 시행했지만 매일 스모그가 있어서 야외에 나갈 수 없다면 복지 시스템은 소용없게 된 것이라며, 한 사회의 복지를 바꾼다는 것은,

24 고재경, 「환경복지에 대한 이해와 과제」, 2014. 7. 29. 기존의 복지국가 모델의 대안으로 환경복지자본주의(최경구, 1997), 생태복지국가(홍성태, 2009), 녹색국가(문순홍, 2006), 녹색복지국가(조명래, 2006, 이정필, 2011) 등이 있다.
25 한겨레 '선진대안포럼' 1부 대안을 위한 성찰 11. "복지사회, 꿈이 아니라 대안이다", 2006. 4. 22.

특집: 2018년 녹색 포커스 판

단순히 정책을 보완하는 게 아니라 기존 사회 시스템을 바꾸는 거시적인 의미를 갖는다고 강조한다. 거시적이라고 해서 그 해결점이 아주 먼 데 있는 것으로 방관해서는 안 된다. 여기서 거시적이라는 의미는 단일 정책으로 되는 것이 아니라 복합적 사회 인식을 가져야 한다는 데 있다. 현실에서는 성 불평등, 빈부차, 환경소외 등의 문제들이 서로 밀접히 연결되어 있다. 이런 문제를 접근하기 위하여 다층적인 관점이 필요하며, 다층적 관점이 현실을 풀어가기 위한 실질적 정책으로 전환되어야 한다. 그런 다층적 정책이 실현된 상태를 우리는 생태복지라고 부를 수 있다. 생태복지의 뜻은 간단하다. 생태복지란 성 불평등, 빈부격차, 산업재해 노출 및 위험환경 노출, 장애인 차별 등의 환경 약자를 사회 네트워크 안에서 통합적으로 만나는 공공성 평등정책의 하나다. 그리고 복지 개념을 도덕주의 안으로 제한시켜서는 안 된다는 점이다. 다시 말해서 복지 정책의 실현은 개인이나 기관의 변동이 있어도 개인의 도덕적 의지 여부와 무관하게 복지 정책이 지속적으로 현실화되도록 강한 시스템으로 정착시켜야 한다는 뜻이다.

김연명은 한국형 생태복지사회는 친환경 경제 성장과 분배(성평등적 복지 제도, 성평등적 노동시장 정책, 교육 정책)가 선순환을 이루는 사회이어야 하며, 생태복지사회의 이행 경로에 필요한 조건으로 한국 사회 진보 세력의 역량 강화가 우선적으로 필요하다고 주장한다. 이를 위해 성평등, 환경 등에 대한 진보 개혁 세력의 가치 인식 확대가 필요하며 노동운동의 연대주의 운동

그린 챌린지: 한국환경보고서 2018

강화, 성인 지성 강화와 함께 시장임금보다 사회임금의 쟁취에 더욱 노력이 필요하다고 말한다. 우리 사회에 한국형 생태복지국가라는 미래상을 던지고 이를 담론화하고 확대할 필요성은 여전히 유효하다.

2부

기획:
환경 이슈의
진단과 전망

도시 물 순환 단절은
도시 토양 건조화와
토양 생태계 파괴로
도시 생태계를 회복 불능 상태로 만드는
황폐화, 도시 자연생태의 사막화를
초래하고,
지하 수위 하강으로 도시 하천을
건천으로 만들고
기후변화의 영향인 집중호우 시
도시 홍수를 유발하여
도시민의 안전도 위협하게 된다.

1

지하공간 복합 개발에 따른 물 순환 단절과 도시 생태계 영향

한봉호 서울시립대학교, 환경생태계획 전공

치솟는 건물과 확대되는 지하공간

세계적으로 대규모 도시들은 초고층화를 지향하는 추세이다. 각 국가별 수도 또는 대표적인 도시에 100층 이상 되는 초고층 건물을 건축하고 이를 도시와 국가의 상징으로 활용하고, 관광 상품화하여 경제적 발전의 홍보 전략으로 활용하고 있다. 즉, 초고층 건물은 현대 국가와 도시의 경제 발전 표상이 되고 있다. 우리나라도 여의도 63빌딩을 시작으로 강남 무역센터, 최근 송파 롯데월드타워까지 지속적으로 초고층 건물을 건축해 왔다. 강남 현대 사옥도 초고층으로 건축할 계획을 하고 있으며, 아파트 단지도 30층 이상의 고층으로 건축하고 있다.

고층 건축물을 지탱하기 위해 지하공간 개발은 필연적이다. 지상부를 지탱하기 위해서는 지하 암반에 기둥을 세워야 한다. 지상부의 각종 공급과 처리를 위해서는 지하에 공급 처리 시설

그린 챌린지: 한국환경보고서 2018

을 설치해야 하고, 주차장 등이 입지하여야 하므로 고층화될수록 지하 개발 공간은 확대될 수밖에 없다. 도시의 지하공간 개발은 지속될 것이고, 그 규모도 확대될 것이다.

지하공간을 개발하는 이유

지하 개발 개념은 지상부의 토지 이용의 한계로 인한 공간 확보와 지상부의 시설 유지에 필요한 기반 시설을 조성하기 위하여 땅을 파내고 지표면 하부를 개발·이용하는 것을 말한다. 도시에서 지하공간을 개발하는 이유는 무엇일까?

그 이유는 한정된 토지에 많은 인구가 집중되기 때문이다. 인구밀도가 높은 지역에 인간이 이용할 수 있는 가용지가 부족한 것이 일차 이유이며, 자본주의 사회에서 토지를 경제 가치화하는 부동산 경제가 이를 가중시키고 있다고 할 수 있다.

한국은 세계적으로 유례 없는 초고속 산업화와 경제 성장 국가이다. 1960년대까지 농업 국가에서 1970년 중반 이후부터 공업을 중심으로 한 산업화가 진행되어 현재는 세계 경제 규모 11위의 경제 대국으로 발전했다. 국가 경제 기반의 변화는 농촌과 도시의 인구 변화를 유도한다. 1960년대 한국 인구 구조는 농촌에 거주하는 인구가 61%, 도시에서 거주하는 인구가 39%이었다. 이후 도시로의 지속적인 이동으로 인하여 경제 성장이 현재와 유사한 상태에 도달한 1990년대 후반의 농촌 인구는 13%가지 감소했고, 도시 인구는 87%까지 증가했다. 특히 수도권인 서울, 인천, 경기도 인구는 2000년 이후 전체 인구의 50% 이상이 거주하는 인구 집중이 발생하게 된다. 좁은 가용지에 인구가 단기간에 고밀도로 집중하면서 주택과 교통 시설 등 사회 기반 시설 역시 집중 건설하게 된다. 건물은 고층화되었고, 교통 시설은 지상부의 한계로 인하여 지하철을 건설하게 되었다. 고층화와 지하철 도입은 지하공간 개발을 시작하는 계기가 된 것이다.

한국의 지하공간 개발의 시초는 서울 지하철 도입이다. 1970년부터 추진된 지하철 건설은 현재 서울을 중심으로 한 수도권과 광역시로 확대된다. 지하공간 개발이 본격화된 것은 10층 이상의 아파트 단지 개발이 이루어지면서부터이다. 1980년대 후반 서울 아시안게임과 올림픽을 유치하면서 선수촌아파트를 건설하였고 지하주차장을 설치하였다. 1990년 중반부터 서울을 중심으로 한 고층 아파트 단지를 개발하면서 대부분 지하주차장이 만들어진다. 이후 백화점 등 상업 업무 시설과 공공 시설 등 모든 건축물에 지하주차장이 들어선다. 최근 지하공간 개발은 도시 내 모든 시설에 적용되는 경향이다. 잠실의 롯데월드몰 건축을 시작으로 서부간선도로 지하화, 영동대로 하부 지하도시 개발, 경부고속도로 지하화, 세종대로 지하공간 개발, 지하철 9호선 등 지하철 역사 지하공간 개발 등 대규모 상업 업무 시설과 교통 시설을 연계한 지하공간 개발이 추진되고 있다.

그러나 도시의 지하공간 개발은 지하라는 공간의 확보를 넘어 다른 문제를 발생시킨다. 근원적 문제는 도시의 물 순환 구

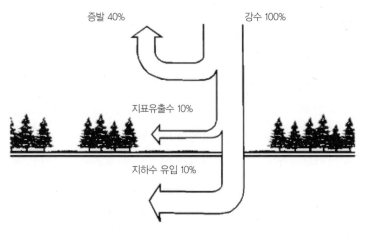

증발 40%

강수 100%

지표유출수 10%

지하수 유입 10%

자연 생태계에서 물 순환 구조도

조가 단절되는 것이다. 불투수포장율과 연계된 물 순환 단절은 도시 생태계에 치명적인 문제를 발생시킨다. 자연 생태계에서 비가 오면 그 물 중에 50%는 토양으로 유입되고, 40%는 증발, 10% 정도는 지표유출수로 흐르게 된다. 그러나 현대 도시에서는 지하공간 개발과 더불어 불투수포장이 증가하면서 대부분의 물이 지표를 흘러 하천과 하수처리장으로 인공적으로 배수된다. 물이 토양으로 유입되지 않은 채 지표수가 과도하게 흐르면 도시 홍수 등 도시 안전 문제가 발생한다. 최근 집중 강우로 인해 서울 저지대가 침수되는 것이 대표적인 사례이다. 또한 식물의 생육에 영향을 미치는데 도시 녹지 공간에 건조한 환경에 적응하는 생물과 외래종만 살아가는 환경으로 바뀌고 있어 우리 고유의 생태계 구조는 회복 불능 상태가 되고 있다.

지하 개발로 인한 생태계 변화

도시 지하공간 개발은 도시 내 토양의 건조화와 지하수 고갈로 이어져 토양 구조와 기능을 파괴하고 있다. 자연 상태의 토양은 고체가 50%, 물이 25%, 산소 등 기체가 25%로 구성되어 있으며, 이 구성을 기반으로 토양 내에는 다양한 생물이 서식한다. 비옥한 토양에는 식물 뿌리 이외에 두더지 같은 포유동물, 지렁이, 절족동물, 원형생물 등 토양 동물과 헤아릴 수 없는 토양 미생물이 생육하여 먹이사슬을 형성한 채 토양 생태계를 이룬다. 토양 내에는 다양한 생물이 서식하고 이들의 작용으로 식물이 살아가게 된다.

물 순환이 단절되면 지하수가 고갈되어 토양 내 물의 양이 감소하거나 사라지게 되고 토양 생태계가 파괴되어 지상부의 식물도 살아갈 수 없게 된다. 서울시 산림에서는 습한 토양 조건에 생육하는 식물은 점차 사라지고 건조한 토양에 적응력이 강한 식물의 분포가 높아지고 있다. 서울의 산림에는 습한 지역에 생육하던 물박달나무, 갈참나무, 오리나무 등은 점차 사라지고 건조한 지역에 적응성이 있는 팥배나무, 당단풍 등이 확산되고 있다. 초본식물로는 은방울꽃, 둥굴레, 애기나리 등은 거의 사라졌고, 큰기름새, 맑은대쑥 등 건조 지성 식물과 외래종들이 번성하고 있다. 우리 고유의 생태계 구조는 회복 불능 상태가 되어간다는 의미이다. 자연 생태계의 생산자인 식물이 살 수 없는 환경이 된다면 동물도 살 수 없는 환경이 된다. 우선 동물의 호흡에 필요한 산소가 감소하게 되고, 먹을 물도 사라지게 된다.

그림 챌린지: 한국환경보고서 2018

지하 개발과 지하수 유출

지하 개발에 의한 지하수 유출 문제는 최근 서울에서 지하철 및 도로 개발과 초고층 건물 개발에서도 나타나고 있다. 2015년 송파구 제2롯데월드 건설과 지하철 개발에 따른 석촌호수 수위 감소와 싱크홀 문제가 사회 문제화되었다. 석촌호수 수위 감소는 지상 123층, 지하 6층으로 건설되는 제2롯데월드 공사 시 지하 6층을 터파기 하면서 지하수가 유출되어 일정 기간 석촌호수의 물이 흘러나오면서 발생했다. 지하 터파기 공사 완료 후 지하 물막이 공사가 완공되면서 석촌호수 수위 저하는 감소되었으나 여전히 일부 지하수가 유출되고 있어, 유출수를 모아 석촌호수로 다시 유입시키고 있다. 지하철 5호선 여의도 역사에서 유출되는 물을 처리하기 위해 여의도 샛강에 조성된 생태공원 연못 공급수로 활용하고 있으며, 서울외곽순환도로 구간 중 사패산터널 구간에서도 유출되는 지하수를 처리하는 시스템을 적용하여 처리하고 있다. 즉 지하공간을 개발하면 지하 터파기 공사 과정에서도 많은 양의 지하수가 유출될 뿐만 아니라, 공사 완료 후에도 지하수가 계속 유출되기 때문에 지하 수위는 계속 하강하게 된다.

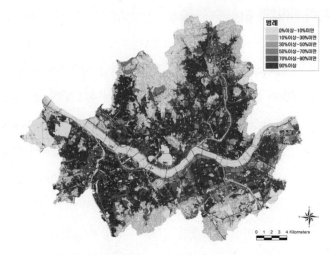

서울특별시 불투수포장율 현황도. 출처: 서울시 도시생태현황도(2015)

지하 개발과 불투수포장율의 증가

서울과 인천의 도시 물 순환 체계를 검토한 결과 서울시와 인천
광역시 도시생태현황도(비오톱지도)를 통하여 불투수포장율을
산출하면 서울은 불투수포장율 70% 이상인 지역이 약 50%, 인
천은 육지 지역의 42%에 달한다. 생태계가 유지되는 산림과 하
천, 공원 등을 제외한다면 적어도 시가화 지역의 80% 이상 지역
은 물 순환이 단절되었다고 볼 수 있다.

　서울과 인천을 사례로 살펴본 결과 도시 전체의 50% 이상,
자연 지역을 제외한 시가화 지역으로 개발된 지역의 80% 이상
이 불투수포장으로 물 순환이 단절되었고, 이들 지역 중 많은 곳

그린 챌린지: 한국환경보고서 2018

범례
조사불가능지역
0%이상~10%미만
10%이상~30%미만
30%이상~50%미만
50%이상~70%미만
70%이상~90%미만
90%이상

0 1 2 3 4 Kilometers

인천시 불투수포장율 현황도. 출처: 인천시 도시생태현황도(2014)

에 개발된 지하공간은 이를 가중시키고 있어, 도시 생태계는 회복 불가능한 상태에 처해 있다고 볼 수 있다.

도시 하천 구조와 홍수의 원인

도시 불투수포장과 지하 개발에 의한 물 순환 단절의 영향은 도시 하천 구조와 안전에도 영향을 준다. 한강을 제외한 서울의 모든 하천은 건천 상태이다. 하천에 물이 흐르는 원리는 하천 토양 내 지하 수위가 형성되어 물 그릇 역할을 하고 산림 등 상류로부터 유입되는 물이 지표면 위로 흐르는 것이다. 그러나 현재 하천변 도시 지역의 지하공간이 개발되면서 지하 수위가 깊게 하강되어 물 그릇 역할이 상실되었으며, 산림 주변 개발로 지하 수위가 하강되고, 산림 계곡에서 유입되는 물은 더 깊은 지하로 스며들어 하천 바닥에는 물이 고이지 않게 되는 것이다. 청계천 물길을 조성하면서 상류로부터 유입되는 유량이 없어 중랑하수처리장 처리수를 상류로 이동시켜 흘러내리게 하며, 지하로 스며들지 못하도록 바닥에 방수 시설을 하였다. 서울시 중소 하천의 물길은 대부분 바닥에 방수 시설을 하고 한강물을 상류로 끌어 올린 후 흘리는 것이다. 도시 지하공간 개발과 불투수포장은 하천의 근본적인 구조와 기능을 상실하게 한 원인이다.

도시 홍수도 문제이다. 최근 여름철에 집중호우가 내리면서 서울의 여러 지역이 침수되는 피해가 발생하고 있다. 1998년 서울 지역 집중호우로 산사태와 주택 침수가 발생하였고, 2010년 9월에는 광화문 일대 침수, 2011년 여름에는 강남역 일대 침수, 우면산 산사태가 발생하여 인명 피해도 있었다. 이들 대부분은

그림 챌린지: 한국환경보고서 2018

도시 내부에 지표수가 지하로 유입되지 못하고 지표를 흐르면서 상대적으로 낮은 지역으로 물이 집중 유입되어 발생되는 문제이다. 기후변화에 의한 집중강우 현상이 빈번해지면서 이러한 현상은 가중될 것으로 보인다.

지하공간 개발에 대한 대책과 도시 물 순환을 위하여

이상에서 살펴본 것과 같이 지하공간 개발은 불투수포장과 연계한 물 순환 단절의 관점에서 도시에 미치는 영향이 매우 크다. 도시 물 순환 단절은 도시 토양 건조화와 토양 생태계 파괴로 도시 생태계를 회복 불능 상태로 만드는 황폐화, 도시 자연생태의 사막화를 초래하고, 지하 수위 하강으로 도시 하천을 건천으로 만들고 기후변화의 영향인 집중호우 시 도시 홍수를 유발하여 도시민의 안전도 위협하게 된다.

도시의 인구가 감소되지 않고 부동산 경제가 현재 상태로 지속되는 상황에서 도시 지하공간 개발과 불투수포장율에 의한 물 순환 단절은 더욱 가중될 것이다. 세계 여러 도시들이 기후변화에 의한 집중호우에 대한 대책을 마련하고 있다. 도시 물 순환 단절에 대한 영향을 최소화하기 위한 대안을 모색하고 있는데, 독일의 경우 지하 개발을 최소화하고 특히 빗물이 지하로 유입되어 지하 수위를 형성하는 지역은 개발을 금지하거나 도시 개발을 하더라도 물 순환을 주제로 한 생태주거단지를 조성하고 있다. 독일 북부 하노버의 크론스베르크 생태주거단지의 경우 지하 개발은 절대하지 않으며, 건축물은 빗물을 모아서 쓰는 중수도를 적용하고 지표면은 빗물이 지하로 유입될 수 있도록 자연 지반 또는 투수포장재로 시공하였다. 물 순환을 위한 기법으로는 독일 베를린의 비오톱 면적 계수(BFF: Biotopflachenfaktor)가 적용된다. 비오톱 면적 계수는 고밀도 도심 지역에서 토양의 기능을 유지하기 위하여 투수성을 확보하기 위한 방법이며, 우리나라에서도 생태면적율이라는 제도로 도입되어 활용하고 있다. 생태면적율은 고밀도로 도시화된 지역에만 적용되어야 하나 우리나라에서는 새롭게 개발되는 지역에도 변형 적용하여 근본 취지가 퇴색되고 있다.

도시 안전을 위한 물순환 대안으로는 미국에서 출발한 개념인 그린인프라스트럭쳐(Green Infrastructure)이다. 도시 내 물을 안전하게 관리하기 위해서는 도시 내 충분한 녹지공간을 확보하고 녹지를 연결하여 강우 시 빗물을 녹지 공간으로 유입시켜 지하로 침투시키거나, 지표수의 흐름을 완화시키는 기능을 할 수 있도록 녹지를 조성하고 관리하는 방법이다. 위의 사례들은 현재 도시의 형태와 구조가 유지되는 조건에서 최소한으로 적용될 수 있는 것이라 할 수 있다.

도시 지하공간 개발을 저감하기 위해서는 우선 지하공간 개발 지도를 작성하여 정확하게 현황을 파악하고, 일정 한계량을 정하여 지하공간 개발 총량제를 실시하는 것이 필요하다. 지하공간 개발 지도는 현재 환경부에서 법제화한 도시생태현황도

그린챌린지: 한국환경보고서 2018

를 통하여 산출할 수 있다. 보다 근본적인 대책으로는 지역의 균형발전을 통하여 수도권 인구를 분산하는 정책일 것이다.

가리왕산 벌채는 전광석화처럼 진행됐다.
벌목 시작 1주일 만에
산림유전자보호구역 내 슬로프 예정지의
나무들이 대부분 잘려나갔다.
벌목 전 보전 가치가 큰 수목을 다시 조사하고
이식할 나무들을 다시 산정하겠다는
약속은 휴짓조각이 되었다.

2

500년 숲을 베어놓고 친환경올림픽?

평창동계올림픽과
가리왕산

남준기 내일신문 기자

(사)산과자연의친구 우이령사람들 현장대응분과위원장

2018 평창동계올림픽 및 패럴림픽 조직위원회(POCOG)는 "지속가능한 저탄소 그린올림픽"이라는 비전을 제시했다. 'O2 plus winter games'라는 이름이 붙은 이 계획은 대회 기간 배출되는 온실가스 배출량보다 더 많은 온실가스 감축과 상쇄 활동을 통해 실질적인 배출량이 '0'(탄소중립)보다 '마이너스(O2 Plus)'로 만들겠다는 것이다.

POCOG는 O2 plus winter games 구현을 위해 △ 그린 올림픽 △ 저탄소 올림픽 △ 지속가능한 올림픽 등 3대 추진 목표를 내세웠다.

첫째, 그린 올림픽은 환경 훼손 최소화 및 다양한 생태 복원 사업을 통해 지역의 생태건강성과 생물다양성을 증진한다는 것이다. 훼손 면적의 2배 이상의 대체림과 경관림 조성, 생태 보호지역 대체 시정, 멸종 위기종 증식 복원 등을 하겠다는 게 목표

그린 챌린지: 한국환경보고서 2018

다. 둘째, 저탄소 올림픽으로 화석연료 사용을 최소화하고 신재생에너지 공급 등 다양한 탄소 배출 저감 노력을 실시한다는 것이다. 셋째, 지속가능 올림픽을 위해 올림픽 시설물은 환경오염을 줄이고 자원을 절약하는 친환경 건축물로 건설하고, 개최 도시를 저탄소 녹색 도시로 조성하겠다는 것 등이다.

그러나 POCOG의 이런 '친환경 올림픽' 구호는 가리왕산 스키장 개발로 인한 환경 훼손을 가리려는 눈속임에 지나지 않는다는 비판의 목소리가 높다. 가리왕산은 남한에서 아홉 번째로 높은 산(1561미터)으로 해발 1000미터 이상의 고지대 전체가 2008년 '산림유전자원보호구역'으로 지정됐다. 3차례 도전 끝에 동계올림픽 유치에 성공한 강원도는 가리왕산을 알파인활강스키장 경기장으로 결정하고 스키장 추진 과정에서 산림유전자원보호구역을 해제했다.

가리왕산 훼손은 1990년대 초 덕유산국립공원에 동계유니버시아드 스키 경기장을 건설하면서 보호지역을 대규모로 훼손한 사례와 유사하다. 덕유산국립공원 훼손도 형식적이고 졸속적인 환경영향평가가 주원인으로 제시된다. 당시 평가 협의 조건으로 옮겨 심은 주목과 구상나무 등은 대부분 고사했다. 등산로와 연결하지 않겠다고 했던 곤돌라는 결국 덕유산 정상으로 가는 필수 코스로 변했고, 덕유산국립공원은 백두대간 주능선 탐방로 스트레스가 최악인 구간이 되었다.

가리왕산 알파인활강스키장 개발은 산림청이 가장 엄격하게 관리하고 있는 '산림유전자원보호구역'의 해제를 결정한 산림청의 책임이 매우 크다. 이는 국제 사회가 권고하고 있는 '육상 보호 지역 면적 17%' 확보가 시급한 우리나라 현실에서 부적절한 결정이며 이에 대한 반성과 향후 재발을 막기 위한 대안 마련이 필요한 상황이다. 또 산림유전자원보호구역 해제 후 환경영향평가 과정에서 생태환경 훼손을 최소화하고 협의 조건이 확실히 이행되도록 하지 못한 환경부의 책임도 크다.

남한 최고의 원시림, 정부가 앞장서서 파괴

가리왕산은 지금까지 확인된 남한 최고의 원시림으로 평가된다.

(사)산과자연의친구 우이령사람들은 2012년 8월부터 2013년 9월까지 연인원 84명이 참여한 가운데 알파인활강스키장 슬로프 예정지와 연습 코스 예정지, 리프트 예정지의 주요 노거수(老巨樹)들을 전수조사했다. 우이령사람들은 조사 당시 80미터 폭으로 주요 수목들의 규격과 수, 집단 분포, 주요 노거수가 위치해 있는 GPS 좌표까지 모두 기록했는데, 가리왕산스키장 예정지 내 노거수들은 수종도 매우 다양한 것으로 나타났다.

노거수가 가장 많은 수종은 '신갈나무'로 모두 76그루였다. 이 가운데는 흉고직경(가슴 높이에서 측정한 지름) 104센티미터에 이르는 초대형 신갈나무도 포함돼 있었다. 일반적으로 신갈나무는 높이 7~8미터 지점에서 가지가 갈라지는데, 가리왕산의 신갈나무들은 평균 15~20미터까지 한 가지로 곧게 자라서 올라가고 수고(나무 높이)가 평균 30미터에 이르는 매우 우수한 형질의 개체군으로 평가됐다.

그 다음으로 노거수가 많은 수종은 '소나무'로 총 41그루였다. 소나무는 흉고직경 66센티미터에서 49.5센티미터까지 나타났고 평균 나무 높이는 20미터에서 30미터 사이였다. 가리왕산 스키장 예정지의 소나무들은 평균 나무 높이 20미터 이상의 키 큰 활엽수 사이에서 조금도 위축되지 않고 곧게 자라나 건강한 수세를 유지하는 등 매우 우수한 형질의 소나무군으로 평가됐다.

조사에 참여한 이병천(산림생태학) 박사는 "남한 지역의 소나무들은 지구온난화와 활엽수들의 성장, 병충해 등으로 인해 생존의 위협에 처해 있는데, 가리왕산 스키장 예정지의 소나무들은 위기에 처한 우리나라 소나무의 대안으로 주목할 가치가 크다"고 평가했다.

가리왕산은 또 지금까지 알려진 세계 최대 '왕사스래나무' 자생 군락지로 주목된다. '한국식물도감' 목본편(정태현)에 따르면, 왕사스래나무는 북방계 나무인 사스래나무와 거제수나무의 교잡종으로 한국의 점봉산(설악산국립공원)과 가리왕산 일대에만 주로 분포하는 한국 특산종이다.

왕사스래나무는 고산 지역 능선부 수목한계선에 자라는 사스래나무의 특성과 북반구 낮은 지대에서 거대 수목으로 자라는 거제수나무의 우수한 형질을 모두 갖고 있다. 백두산 2000미터 능선부에서 3미터 높이로 자라는 사스래나무처럼 고산지대 능선부에 자라고, 러시아 연해주 일대의 거제수나무처럼 높이 20미터 이상의 거대 수목으로 성장한다.

우이령사람들의 가리왕산 식생분포도 조사에서 '왕사스래나무'는 14.2%를 차지했고, 직경 25~85센티미터에 이르는 거대 수목 39그루가 확인됐다. 왕사스래나무는 설악산국립공원 점봉산 일대에도 자생하지만 점봉산의 경우 정상부 동쪽 능선 홍포수막터 인근에만 제한적으로 분포한다.

가리왕산은 또 '개벚지나무'와 '사시나무'의 남한 내 최대 자생 군락지로 추정된다. 가리왕산 개벚지나무 군락은 남한에서 가장 개체수가 많고 가장 큰 나무들로 이루어져 있다. 개벚지나무는 반짝이는 갈색 수피가 매우 아름답고 종자(버찌)가 우리나라 자생 벚나무 가운데 가장 커서 조류 등 야생동물의 중요한 먹이가 된다. 가리왕산은 북방계 수목인 개벚지나무의 동아시아 최남단 군락지로 추정된다.

수령 수고 직경 모두 A+ 수준의 사시나무 군락도 주목받았다. '사시나무 떨듯'이란 속담처럼 가슴 높이 지름 30센티미터 이상의 사시나무는 매우 드물다. 계방산, 설악산, 응봉산 등지에도 큰 개체들이 자생하지만 대부분 독립 개체로 존재하며, 가리왕산처럼 노거수들이 군락을 이루어 자라는 곳은 지금까지 확인되지 않았다.

하봉 연습 코스 해발 1305미터 지점에서부터 1264미터까지는 100여 그루에 이르는 대규모 주목 군락이 이어져 있었다. 이 일대 주목 군락의 특징은 지름 1미터가 넘는 노거수(수령 600년 이상)에서부터 10센티미터도 안 되는 어린 주목들까지 다양한 세

스키장 조성 과정에서 유일하게 살아남은 가래나무 노거수. 흉고직경 67센티미
터에 이르는 거목으로 옛 화전민 마을 샘터 옆에 자란 당목으로 추정된다.
ⓒ남준기

대가 한꺼번에 나타난다는 것이다. 심지어는 묘목 상태의 어린
주목들도 다수 관찰됐다.

　소백산이나 태백산, 설악산, 지리산 등지의 주목 군락지에
는 노거수들만 있지 대를 이어줄 후계목들이 보이지 않는다. 어
린 나무와 장년층, 노거수까지 다양한 세대가 한꺼번에 나타나
는 가리왕산의 주목 군락은 이곳 산림 생태계가 얼마나 건강한

생태적으로 중요한 수목들을 고려해서 이식하겠다던 벌목 작업 1주일 만에 산림유전자원보호구역으로 지정된 해발 1000미터 이상 지역이 대부분 벌목됐다.
ⓒ남준기

지 잘 보여주는 지표였다. 이 같은 세대별 주목 군락은 하봉 슬로프 예정지, 하봉 연습 코스 예정지, 곤돌라 구간 등 거의 모든 곳에 광범위하게 분포하고 있었다.

복원 계획도 없이 산림유전자원보호구역 해제

가리왕산스키장의 가장 큰 문제점은 단 3일의 올림픽 알파인활강경기를 위해 남한에서 가장 중요한 산림유전자원보호구역이자 생태자연도 1등급(사업 부지의 64% 이상), 녹지자연도 8등급(사업 부지의 74% 이상)의 절대 보전이 필요한 산림을 훼손했다는 것이다.

해발 1000미터 이상의 산림유전자원보호구역의 식생 복원은 사실상 불가능함에도 불구하고 '식생 복원'을 전제로 보호구역을 해제했고 산지전용허가와 환경영향평가협의가 진행되었다. 그 결과 500년 이상 지켜온 보호림이 10만 그루 이상 대규모로 벌채됐다.

이 과정에서 박근혜 정부의 압력이 작용했음은 물론이다. 2014년 3월 7일 산림청 중앙산지관리위원회(위원장 서현덕)는 가리왕산스키장 부지의 산지전용허가 심의를 '보류'했다. 보류 사유는 △ 산림유전자원보호림에 대한 식생 보전 및 식생 복원 계획에 대한 설명이 부족하고 △ 산지 개발에 따른 산림 경관 계획 및 산사태 등 재해 방지 계획이 미흡하다는 것이었다.

그러나 3월 20일 당시 박근혜 대통령이 규제완화회의에서 "규제는 암덩어리"라는 발언을 한 직후 3월 27일 중앙산지관리위원회는 가리왕산스키장 부지의 산지 전용에 대해 '조건부 승인'을 내렸다. 조건부 협의 조건은 △ 올림픽 경기 후 슬로프는 현지에서 채취한 자원을 활용해 산림으로 복구하고 △ 복구한 산림은 산림유전자원보호구역으로 환원하며 △ 2018 평창 올림픽 개최 이전까지 복원 계획을 수립해 중앙산지관리위원회 심의를 받아 복원한다는 것 등이다.

산림유전자원보호구역 해제 이후 공은 환경부로 넘어갔다. 강원도는 발빠르게 환경영향평가서 초안, 본안, 보완을 환경부에 각각 순차적으로 제출했다. 그러나 보완의 핵심 내용인 구체적인 복원 계획은 수립하지 않았다.

환경부는 환경영향평가서 초안, 본안, 보완을 접수할 때마다 강원도에 동일한 검토 의견과 보완 지시를 내렸다. 보완 지시의 핵심 내용은 "보전, 복원 계획이 없으니 사후 활용 계획이 아닌 구체적인 복원 계획을 세우라"는 것이었다. 환경부는 초안 검토 의견에서 "동계올림픽 개최 이후 동 지역의 자연성을 최대한 빠른 시일 내에 회복할 수 있도록 훼손 지역의 복원을 최우선 과제로 사업을 추진하여야 하며, 이를 실천하기 위한 다각적인 방안을 구체적으로 검토한 후 그 결과를 환경영향평가서(본안)에 제시하여야 함"이라고 명시했다. 또 환경영향평가 협의 의견에서는 "생태복원계획(안)의 구체적인 추진 계획 및 이행조치계획서 등은 본 사업의 실착공 이전에 반드시 제출해 별도 협의 및 검증 절차를 이행하여야 함"이라고 분명히 했다.

이러한 복원 계획 마련 요구에 대해 강원도는 사실상 아무것도 하지 않겠다는 '자연천이를 통한 복원'만을 되풀이했다. 게다가 △ 중봉과 하봉 정상까지 곤돌라 · 리프트 계속 운행 △ 산림유전자보호구역 이외 스키 슬로프에 야생화 단지 조성 등 복원과 정반대되는 개발 계획을 고집하기까지 했다.

환경영향평가 단계마다 '복원 계획 수립'만 반복 요구한 환경부, 매번 모르쇠로 일관한 강원도, 그럼에도 행정 절차는 계속 진행되는 비정상적인 상황이 '남한 최고의 원시림' 가리왕산을 벼랑 끝으로 내몰았다.

지름 1.23미터 하봉 들메나무 결국 잘라내

가리왕산 벌채는 전광석화처럼 진행됐다. 벌목 시작 1주일 만에 산림유전자보호구역 내 슬로프 예정지의 나무들이 대부분 잘려 나갔다. 벌목 전 보전 가치가 큰 수목을 다시 조사하고 이식할 나무들을 다시 산정하겠다는 약속은 휴짓조각이 되었다.

이 과정에서 하봉 계곡 상단에 있던 '들메나무' 노거수가 벌채됐다. 이 들메나무는 가슴 높이 지름 1.23미터로 북한의 천연기념물 396호 '대동리 들메나무'(평양시 상원군. 가슴 높이 지름 1.14미터)보다 큰 나무였다.

가리왕산 하봉 들메나무는 원시림 속에서 온갖 나무들과 경쟁하면서 자란 나무여서 1910년경 마을의 당목으로 심어져 사람들의 보호를 받고 자란 북한 대동리 들메나무보다 생태적 가치가 훨씬 더 큰 것으로 평가받아 왔다.

하봉 곤돌라 노선에서는 지금까지 확인된 국내 최대 '왕사스래나무'(근원직경 113센티미터)도 잘려나갔다. 하봉 정상부 북쪽 사면에 있던 수령 미상의 거대 철쭉 군락도 모두 벌채됐다. 남자 스타트 지점인 하봉 정상부는 기존 지형에서 10미터 정도 절토 후 평탄 작업까지 된 상태여서 원형 복원이 아예 불가능할 것으로 평가된다.

가리왕산 하봉 계곡 상단부에 있던 들메나무. ©남준기

급경사 슬로프 구간 산지 재해 예방 대책 시급

당초 가리왕산 산림유전자원보호구역만 복원하고 스키장 슬로프, 곤돌라 등 시설은 사후 활용할 계획을 세웠던 강원도는 최근 '전면 복원' 쪽으로 결정했다. 강원도는 산림청 중앙산지관리위원회에 '정선 알파인스키 경기장 생태복원 수정 계획안'을 제출해 승인을 받을 예정이다. 그러나 강원도의 가리왕산 복원 사업이 순조롭게 추진될 수 있을지는 미지수다. 생태 복원 사업에는 410억 원 이상이 들어갈 것으로 예상되지만 강원도가 확보한 재원은 10억 원에 불과하기 때문이다.

　　이에 따라 강원도는 가리왕산 복원 사업을 위한 정부 지원

그린 챌린지: 한국환경보고서 2018

벌채된 왕사스래나무. ⓒ남준기

을 기대하는 분위기다. 그러나 문화체육관광부는 평창올림픽 사후 관리 복원은 경기장 시설로 보지 않는다는 기존 입장을 고수하고 있어 향후 논란이 예상된다.

가리왕산 식생 복원의 마스터플랜은 아직 확정되지 않았다. 그러나 강원도가 지금까지 주장해 온 '자연천이를 통한 복원'은 스키장 부지 등 토양 생태계가 파괴된 지역에는 적용할 수 없는 방법으로 알려졌다. 자연 천이를 통한 복원은 미국의 산불 지역에서 나온 방법으로 대상 지역이 수만 에이커(acre) 정도로 넓고 더글라스전나무 방크스소나무처럼 산불 후에도 생존이 가능한 수종이 많은 지역에 주로 사용된다.

산과자연의친구 우이령사람들 이병천 전 회장(농학박사 · 산림생태학)은 "자연천이를 통한 복원은 산불 후에도 토양의 이화학적 성질이나 물리학적 구조가 변하지 않고 토양 미생물과 매립종자 피해가 없는 지역에 한해 사용되는 방법"이라며 "가리왕산 스키장처럼 인위적인 절토·성토가 광범위하게 일어나고 땅을 다지는 작업을 한 후 인공눈을 뿌리는 등 토양 생태계가 파괴된 지역에는 절대 적용할 수 없다"고 지적한다.

실제 1997년 동계유니버시아드대회 이후 덕유산 알파인스키장 슬로프는 20년이 지난 지금도 제대로 된 식생이 돌아오지 못하고 있다. 특히 슬로프 구간은 개망초 등 외래식물이 90% 이상을 차지하는 등 자연적인 천이에 의한 식생 복원이 불가능한 것으로 확인됐다.

한편 올림픽이 끝난 후 길이 3킬로미터, 평균경사각 20도, 폭 100여 미터에 이르는 슬로프 구간 급경사 훼손지의 수방 대책도 시급한 과제로 제기된다. 가리왕산 슬로프 구간은 기존 식생을 모두 제거하고 표토까지 벗겨낸 상태에서 다짐공법으로 평탄 작업을 했고 그 위에 일부 급경사지대에는 법면 처리 방식으로 그물망을 씌워놓았다.

여름철 집중호우 시 급속한 토사 및 석력(자갈 등) 유출로 인한 산사태 위험, 토사 유출로 인한 오탁수 발생 위험이 매우 큰 상태여서 조속한 복원 대책 및 계통적 산지사방 공법 적용 등 산지재해 예방 대책이 시급할 것으로 보인다.

또 여름에 개망초 등 훼손지에 먼저 퍼지는 초본식물이 자라났다가 시든 상태로 방지될 경우 슬로프 구간 산불 발생 시 바

올림픽 재해는 필요없다. ⓒ이재구

람 통로 역할로 대형 산불로 발전할 위험성도 크다. 이에 따라
식생 복원 전까지 하봉 및 하봉 접근로 전 구간에 대한 특별 산
불 방지 대책 수립이 필요할 것으로 보인다.

유전자가위 기술은 오만할 뿐 아니라
위험하다. 비윤리적이다.
사고가 빈발하는 낭떠러지를 그대로 두고
병원 시설을 개선하거나
신약을 연구하는 게 타당할까?
환자에게 교정 운운하며
부가가치를 점치고,
생물 집단의 타고난 유전적 다양성을
단순하게 획일화하는
유전자가위 기술은
장차 어떤 내일을 안내할까?

3

유전자가
교정의 대상인가

박병상 인천 도시생태 · 환경연구소 소장

"질병이란 무엇인가?" 황우석 전 교수의 연구 부정이 드러나기 이전, 의과대학생들에게 줄기세포의 한계에 대해 강연할 기회가 있었다. 질의 시간에 손을 든 학생은 자신들이 인간 질병의 95% 이상을 치료할 거라는 사명감으로 충만해 있었다. 그리 배웠겠지만, 2004년 황우석 전 교수와《사이언스》투고 논문의 공동저자였던 문신용 서울대학교 의학대학 교수는 달랐다. 연구 부정이 발각되기 이전, 당시 과학기술부 주관의 '응용세포연구단'의 단장이었던 문 교수는 윤리위원에게 고백을 했다. 자신 있게 치료할 수 있는 병이 없다는 생각이 들면서 환자에게 친절하기로 했다고.

파문 직전까지, 아니 스스로 신부직을 던진 이후에도 사제의 자세를 잊지 않은 이반 일리치는 "병원이 병을 만든다!"라고 천명했다. 사람의 평균 수명 연장은 의료 수준이 아니라 영양 상태 그리고 개인 위생의 증진과 밀접하고 최근 걷잡을 수 없게 늘어나는 의료비의 대부분은 효과가 의심스러운 진단과 치료 행위 때문이라고 날카롭게 지적했다. 실제로 대부분의 다국적 제약회사는 환자보다 다수의 정상인에게 판매하는 약으로 더 많은 이윤을 거둬들인다. 불안을 팔아서 돈을 버는 기업이라는 세간의 비난을 피하지 못하는데, 그들이 원하는 질병은 무엇일까?

개그맨들은 한때 큰 키와 멋진 외모를 자랑하는 젊은이를 소개하면서 '우월한 유전자'를 가졌다고 추켜세우던 적이 있다. 최근 일본의 유전학회는 우성 또는 열성이라는 표현을 자제하기로 결정했다는데, 우월하다니! 키가 크고 잘생기면 우월하다는 겐가? 내 아이가 공부를 잘하면 흐뭇하다. 그렇다고 그렇지 않은 친구보다 우월한 걸까? 학업 성적이 높으면 공부를 잘하는 걸까? 성적이 낮으면 키가 작은가? 키가 크니 잘생기고, 돈 잘 벌고, 성격 좋은 사람은 드라마 주인공에 국한되지 않던가?

2003년 마무리된 '인간 유전체 연구'는 유전자의 수가 생각보다 적은 것을 확인했다. 과학자들이 유전자에 의한 현상으로 파악한 경우보다 훨씬 적었기에 잠시 혼란이 있었지만, 하나의 유전자가 하나의 단백질을 형성한다는 기존 가설을 수정해야 하는 계기가 마련되었다. 면역에 관계하는 단백질은 매우 많다. 유전자보다 훨씬 많으려면 면역 현상에 따라 여러 유전자가 다양하게 이합집산하며 발현한다는 새로운 가설이 필요했다. 혈액형처럼 하나의 유전자가 발현에 관계하는 경우가 있지만 키와 몸무게처럼 다양한 유전자가 관계하는 경우가 훨씬 많다. 지능이나 외모에는 몇 개의 유전자가 관여할까? 그걸 모두 파악한다면 의학은 인간의 질병을 확장한 후 능력을 획기적으로 개선할 수 있을까?

『리메이킹 에덴』에서 저자 리 실버는 유전자를 세대마다 보강한 인간 계층을 상정한 뒤, 여건이 어려워 보강하지 못한 계층과 장차 종이 나누어질 것이라고 예견했다. 또한 그런 현상은 아무도 통제할 수 없을 것으로 전망했다. 아무리 많은 돈이 들어가더라도 태어날 아이의 유전자를 향상시키려는 부모의 의지를 누가 감히 반대할 것인가? 하지만 농작물이나 원예작물, 그리고 몇몇 가축을 제외하고, 그 책이 발간된 지 20년 지나도록 인간의 유전자를 개선 또는 향상시키려는 시도는 아직까지 없었다. 사람의 유전자들이 어떤 염색체에 어떻게 배열돼 있는지 과학자들이 열심히 지도를 그리며 밝혀내고 있지만 아직 분명치 않고 유용하지도 않다. 유전자를 인위적으로 교환하는 과정이 정교하지 않으니 과정에서 숱한 실패가 발생할 게 분명한 까닭이다.

유전자가위 기술 이후 달라진 것과 뻗어가는 상상들

2011년 '크리스퍼 유전자가위' 기술이 출현하면서 사정이 바뀌었다. 합성생물학의 역사를 크리스퍼 유전자가위(이후 유전자가위) 이전과 이후로 나눌 수 있다고 관련 과학자들이 평가할 정도로 정확성이 획기적으로 향상되었기 때문이다. 막대한 비용을

그린 챌린지: 한국환경보고서 2018

쏟아 수만 번을 실험해 단 한 차례 성공시키고, 성공한 사례를 선발해 양산하는 GMO(유전자조작) 기술은 다국적 농화학기업이 주로 농작물에 적용해 상업화했다. 그 과정에서 실패한 사례는 폐기하면 그만이었다. 하지만 실험 방법의 부정확성 탓에 사실 성공했다 믿는 농작물에 예측하지 못한 부작용이 속출했다. 그런데 유전자가위는 달랐다. 성공 확률이 눈에 띄게 향상되었을 뿐 아니라 비용도 다른 연구보다 대폭 줄일 수 있다.

미생물학 교과서는 두 손을 모아 떠올린 바닷물에 지금까지 존재한 인류의 모든 수보다 많은 박테리오파지가 있다고 주장한다. 박테리오파지는 박테리아에 침투하는 바이러스를 말하고 박테리아는 일반적으로 세균을 뜻한다. 지구상의 박테리오파지는 존재하는 박테리아의 3분의 2를 매일 죽일 정도라는데, 왜 우리는 세균 감염을 허구헌날 걱정하는가? 박테리아는 자신을 감염시킨 박테리오파지의 특정 DNA 염기서열을 파악해 RNA에 기록해 놓고 다시 들어오는 같은 종류의 박테리오파지를 즉각 공격해 그 DNA를 파괴한다고 한다.

2011년 미국의 한 과학자는 덴마크의 낙농업자가 파악한 현상을 응용해 유전자가위 기술을 개발했고 그 기술은 상업화되었다. 세균이든 농작물이든 심지어 사람의 유전자든, 21개 염기서열로 구성된 특정 DNA를 파악해 그 서열이 기록된 RNA를 실험실로 주문해 구입할 정도다. 유전자가위 기술 개발 5년 만의 일이다. 이제 세균이든 농작물이든 원예작물이든 가축이든, DNA 염기서열을 실수 없이 찾아가 파괴해 유전자의 기능을 파괴하는 데 그치는 게 아니다. 파괴한 부분에 새로운 DNA 서열을 삽입해 유전자를 교체하는 기술을 적용하는 시대가 열린 것이다.

유전자가위 기술은 다양한 상상력을 자극한다. 말라리아를 옮기는 모기의 핵심 유전자를 파괴해 불임을 유도한다면 해마다 수백만 명의 희생을 막을 수 있지 않을까? 말라리아뿐 아니라 댕기열병과 같이 모기가 전달하는 여러 질병에서 인류가 해방될 수 있겠다. 하지만 모기는 박멸 대상일까? 수천 종에 달하는 모기 중 일부만 없애므로 생물권에 이상이 없을 거라고 확신한다지만 그럴까? 얽히고설킨 생태계의 그물, 그 그물의 변화무쌍함을 우리가 거의 모르는데, 까짓 나쁜 한두 종 정도는 없애도 무방한 걸까? 나쁘다 좋다는 판단을 편의를 앞세우는 인간이 독점해도 좋을까? 유전자가위 기술로 특정 모기가 결국 사라진다면 인간이 합리화하며 발본색원하려는 질병과 곤충은 과연 말라리아와 댕기열병, 그리고 모기에서 그칠까?

우리가 먹는 바나나는 전 세계가 한 그루나 다름없다. 바나나는 나무가 아니다. 뿌리로 퍼뜨리는 다년생 풀이다. 다년생 바나나 작물을 바싹 자르면 다수의 뿌리가 드러나는데, 그 뿌리를 하나하나 뜯어내 심어 재배하면 다시 싱싱한 바나나가 매달리지만, 그 작물들은 유전적으로 완전히 동일하다. 전 세계의 바나나가 그렇다. '캐번디시' 품종의 이 바나나는 유전적 다양성이 결여된 탓에 곰팡이에 매우 약하다. 1960년대까지 비교적 흔했던 '그로미셸' 품종은 곰팡이 감염으로 작물계에서 사라졌다. 캐번디시 품종도 현재 위기에 놓였다. 그러면 유전자가위 기술로 곰

그린 챌린지: 한국환경보고서 2018

팡이를 물리칠 수 있을까? 그런 기대로 연구에 매진하는 과학자가 있지만, 바나나에 곰팡이가 급속히 퍼지는 이유가 곰팡이에 약한 유전자가 있기 때문이라고 판단하는 건 단견이다. 오히려 지나친 단작으로 유전적 다양성이 사라진 데 근본 원인이 있다. 유전자가위 기술로 새로운 품종을 아무리 개발해도 단작을 거듭한다면 곰팡이는 오염을 피할 수 없을 것이다.

심장이나 콩팥과 같은 장기를 기다리는 환자가 2016년 현재 우리나라에서 2만 7천 명에 달하지만 기증자는 그 10분의 1도 못 되는 게 현실이다. 기다리다 희생되는 환자도 상당할 텐데 그들을 위해 돼지와 같은 다른 종의 장기를 대신 이식할 수 있을까? 지금까지 국내외에서 많은 연구를 거듭했지만 면역 거부로 실패를 거듭해 왔다. 하지만 유전자가위 기술은 해결해 줄까? 우리 연구자들이 면역 거부에 관계하는 유전자 2가지를 밝혔다지만 면역에 어떤 유전자가 어떻게 관여하는지 아직 정확하게 파악하는 건 아니다. 다른 종의 장기를 사용하려면 면역 관련 유전자의 기능을 파괴하는 데에서 그치면 안 된다.

돼지의 장기에는 돼지 몸에 언제 들어와 공생하게 되었는지 모르는 '내인성 레트로바이러스'가 있다. 그런 공생 현상은 돼지뿐 아니라 사람도 마찬가지인데, 진화 과정에 들어왔을 내인성 레트로바이러스는 대략 돼지 전체 유전자의 5%에서 10%가 될 것으로 학자들은 예상한다. 그 바이러스 중 어느 하나라도 인체에 들어와 돌이킬 수 없는 문제—과학자는 돼지 바이러스가 치명적 질병이 되어 인류 사회에 창궐할 수 있다고 경고한다.

아무리 정교할지라도 유전자가위 기술이 그 바이러스들을 모두 파괴할 수 없다. 사람에게 유해한 내인성 레트로바이러스를 꼼꼼하게 찾아내 선택적으로 파괴한다면 사용 가능할까? 그 일련의 연구가 빚을 필연적 어려움과 비용을 차치하고, 안전을 확신하지 못한다면 인류는 끔찍한 부작용—13세기 유럽을 죽음의 공포로 몰아넣은 페스트 창궐과 같은 악몽을 외면할 수 없을 것이다.

2017년 8월 언론은 우리나라의 한 연구자가 유전자가위 기술을 태아에 접목해서 '비대성 심근경색증'을 근원적으로 치료할 수 있는 계기를 만들었다고 일제히 반색을 했다. 나아가 우리나라의 시대착오적 생명윤리 관련법 때문에 치료 기술을 확보해도 현실에 적용할 수 없다고 한탄했다. 연구 결과를 얻어 특허를 출원하는 국가에 특허권이 독점 부여되기 때문이라는 것이다. 그 기술로 치료할 불치병과 난치병 분야는 다양한데 생명윤리가 발목을 잡으면 우리 의료 기술은 한없이 뒤처지고 국가 부가가치도 그만큼 기회를 잃을 것인가? 과거에 많이 듣던 말이다.

우리 연구자의 업적을 계기로 일부 국회의원은 생명윤리 관련법의 개정을 요구했고 주무 부처인 보건복지부를 대신하는 듯, 과학기술정보통신부가 화답했다. 과학 학술지 《네이처》에 비대성 심근경색증 관련 연구를 투고해 주목된 기초과학연구원 김진수 유전체교정연구단장은 프레스센터에서 '유전자 교정 기술 도입 및 활용을 위한 법제도 개선방향'을 주제로 열린 과학기술한림원 원탁토론회에서 "기회가 있으면 생명윤리학자를 찾아가

밤을 새서라도 토론하겠다."는 소신을 밝혔다. 유전자 결함으로 발생하는 수많은 사람의 질병을 유전자가위 기술로 치료할 수 있기 때문이라고 전망했는데 과연 그럴까? 그는 '유전체교정연구단'을 주도한다. 막대한 국가 연구비를 사용하는 그 연구단체는 유전자를 '교정'한다고 주장하는데, 교정이라니? 유전자가 무슨 큰 죄라도 졌나?

유전자가위 기술, 오만하고 위험한 상상

인체 내에서 체세포를 치료하려면 유전자가위를 특정 위치로 정확하게 접근시켜야 한다. 사람 몸을 구성하는 100조 가까운 세포는 동일한 유전자를 가진다. DNA 염기서열도 같다. 비대성 심근경색증에 관계하는 유전자가 심장에 국한하는 게 아니다. 그런데 몸으로 들어간 유전자가위는 심장에 있는 문제의 DNA 염기서열만 건드리지 않을 것이다. 심장의 정확한 세포의 DNA 부위로 보내야 하는데 그게 쉽지 않다. 앞으로 열심히 연구하면 가능할 것이라 주장하겠지만, 그렇다고 불치병 난치병 치료가 머지않았다는 호언장담은 지나치다. 황우석 사태는 무모한 호언이 부정의 규모를 마구 키웠다. 그 호언은 환자와 정치인과 언론을 현혹했고, 우리 과학은 돌이키기 어려운 망신을 자초했다.

체세포의 질병은 많은 경우 노화에 의한다. 노화가 과연 질병일까? 노화를 유전자가위 기술로 치료할 수 있고 치료하면 노화가 진정될까? 감염에 의한 체세포 치료는 유전자가위와 관련성이 작을 텐데. 선천적 유전병은 치료할 수 있을지 모르지만 감당할 수 없는 비용이 문제다. 유럽 최초로 승인된 치료제 '글리베라'는 일인당 100만 달러, 10억 원 이상이 필요하다고 한다. 미국 식품의약국에서 승인한 암세포 치료제는 47만 달러가 필요하다고 추정하는데, 유전자가위로 치료를 기대하는 질병의 양상은 사람마다 다르다. 아직까지 유전자가위로 분명하게 치료할 질병은 거의 없었다. 있더라도 기존 치료법으로 충분하다고 생명윤리학자는 주장한다. 비용이 막대하게 들어가는 건 물론 아니다.

『DNA혁명 크리스퍼 유전자가위』 저자인 식물생리 전공의 생명윤리학자 전방욱은 한 걸음 더 들어간다. 체세포 치료를 목적으로 체내로 투입한 유전자가 회복돼 생존하는 기간 동안 환자의 생식세포로 전이된다면 정자나 난자와 같은 생식세포의 유전자에 변화를 줄 수 있다는 것이다! 그럴 경우 다음 세대에 치명적인 유전적 변화를 전할 수 있다. 뜻하지 않게 다음 세대에 영향을 주는 유전자가위 치료는 교정과 성격이 다르다. 유전자 증강도 아니다. 차라리 망상에 가까운데, 유전자가위 기술의 연구를 배아에 적용하자는 신기루 같은 제안이 나온다. 태어날 아이의 유전자를 치료해 후손에 불치병과 난치병이 나타나지 않게 하겠다는 뜻인가? 무책임하다. 끔찍한 우생학이다.

유방암으로 이어질 가능성을 가진 유전자 때문에 안젤리나 졸리는 예방적 절제 수술을 받았다. 그 여파로 예방적 유방 절제 수술하는 여성의 수가 크게 늘어, 2년 만에 5배, 난소 절제 수술은 4.7배 증가했다고 한다. 불안한 마음으로 공연히 수술한 사람들은 평생 건강하게 사는 사람의 몸에 유방암 유전자가 훨씬 많다는 사실을 사전에 충분히 듣지 못했을 것이다. 유전자가 있다고 암으로 반드시 진행되는 것은 아니다. 암으로 진행할 환경이 조성되어야 하는데, 앞으로 유전자가위 연구자들이 노화나 치매 유전자를 치료하고 키와 IQ를 높이겠다고 호언할까 더럭 겁이 난다.

2018년 1월 8일, 과학 학술지 《네이처》와 《사이언스타임스》는 유전자가위 기술로 편집한 세포에서 면역 거부 반응이 발생할 수 있다는 스탠포드대학교의 연구 결과를 심층 보도했다. GMO나 배아복제와 같이 자연의 흐름을 역행하는 교만스러운 기술이 인간 자신은 물론이고 생태계까지 파국으로 이어지게 만드는 건 아닐까? 우울함에서 그치지 않는다. 유전자가위 기술은 오만할 뿐 아니라 위험하다. 비윤리적이다. 사고가 빈발하는 낭떠러지를 그대로 두고 병원 시설을 개선하거나 신약을 연구하는 게 타당할까? 환자에게 교정 운운하며 부가가치를 점치고, 생물 집단의 타고난 유전적 다양성을 단순하게 획일화하는 유전자가위 기술은 장차 어떤 내일을 안내할까?

문제해결의 열쇠는
의외로 단순한 곳에 있을 수 있다.
겉으로는 재정 부족을 이유로 들어
문제해결이 불가능하다고
에둘러 이야기하지만,
정말 부족한 재정이 이유일까?
재정이 아니라 시민의 관심과
요구의 표출이 부족해서가 아닐까?
시민들이 도시공원 일몰의 문제를 알고
관심을 보일 때
문제해결은 시작될 수 있다.

4

도시공원 일몰제,
도시공원이
사라진다

유영민 생명의 숲 사무처장

그린 챌린지: 한국환경보고서 2018

2020년, 도시공원이 사라진다?

2020년 7월 1일, 평소에 아침 일찍 공원을 찾아 산책하러 나선 어느 서울 시민은 간단한 체조로 몸을 풀고 산책을 하기 위해 평소 다니던 숲길을 향해 걸어간다. 그러나 그는 "이곳은 개인 사유지이므로 입산을 금지합니다. 2020년 7월 1일부터 도시공원에서 해제되었습니다. 허락 없이 들어올 경우 무단침입으로 간주하여 법적 대응을 하겠습니다. 주인 백"이라는 출입금지 안내판과 함께 가로막힌 철조망을 마주한다. 망연자실. 발길을 돌릴 것인지? 경고를 무시하고 철조망을 넘어 들어갈 것인가? 망설이다 발길을 돌려 집으로 돌아서며 '이런 황당한 일이 왜 생겼지? 구청 공원과에 민원을 넣어야 하나?' 생각한다.

　필자가 지어낸 이야기이지만 완전한 허구는 아니다. 이미 전국 곳곳에서 벌어지고 있는 일이며, 2020년 7월 1일이 되면 거의 모든 도시공원에서 해제된 사유지 앞에서 맞이할 상황이다. 일명, '도시공원 일몰제' 때문인데, 이에 대해 알고 있는 시민은 별로 없다. 90% 가까운 시민들이 도시공원 일몰제 자체를 모르고 있다.[1]

2016년 현재 전국 도시공원으로 지정된 면적은, 공원 결정 면적이 934㎢이고 이 중 미집행 면적은 516㎢로 미집행률이 55.2%이다. 10년 이상 장기 미집행 공원 면적은 442㎢로 전체 미집행 면적의 85.7%를 차지하고 있다. 1999년 헌법재판소의 헌법 불합치 결정으로 2020년 7월 1일이 되면 10년 이상 장기 미집행 도시공원은 도시계획시설에서 해제된다. 즉, 도시공원이 아닌 일반적인 토지로 전환되는 상황이 도래한다. 서울시의 경우 도시공원 40% 이상이 사라진다. 첫머리의 시나리오는 3년이 채 남지 않은 미래의 우리 사회의 현실이 될 것이다.

도시공원은 "도시 지역에서 도시 자연경관을 보호하고 시민의 건강, 휴양 및 정서 생활을 향상시키는 데에 이바지하기 위하여 설치 또는 지정된" 공공시설이다. 도시공원은 생활권 공원과 주제 공원으로 크게 구분되며, 생활권 공원으로는 소공원, 어린이공원, 근린공원이 있으며, 주제 공원으로는 역사공원, 문화공원, 수변공원, 묘지공원, 체육공원 등이 있다. 도시공원은 공원 내 숲과 정원 등 유사 생태계가 주는 다양한 생태계 서비스와 시설, 프로그램을 통해 도시민들의 생활을 지지하고 삶을 풍요롭게 하고 있다. 일상생활 속에서 공원을 이용하는 시민들은 복잡

1 생명의 숲, 「도시공원 거버넌스 구축을 위한 시민인식 조사 및 역할 연구」, 2014, 54쪽.

도시공원을 이용하는 시민들. ⓒ서울그린트러스트

한 제도적 용어와 구분, 종류에 대한 인지 및 이해도가 높지 않다. 그래서 시민들은 그냥 눈에 보이는 산과 숲, 정원 등 모든 녹지를 도시공원으로 이해하고 있다.

도시공원 일몰제가 시행되면 시민들이 받을 충격과 피해, 그리고 도시 생태계의 지속가능성 저하는 상상 이상으로 클 것이다. 문제해결을 위해 다양한 방안들이 논의되고 제안되었고 일부 시행되고 있지만, 큰 성과는 없어 보인다. 중앙정부와 지자체는 서로 책임을 미루고 있고 정치권은 여론의 눈치를 보며 입법 등 제도 개선을 미루거나 특혜성 시비가 있는 민간 자본 유치에 열을 올리고 있다. 전망은 비관적이다. 그래도 누군가의 관심은 필요하고 관심을 보이는 시민의 요구가 문제해결의 시작이 될 수 있을 것이라는 낙관적인 전망도 해본다.

도시공원 일몰제의 문제와 원인

도시공원 일몰제란 정확하게 말해서 미집행 도시계획시설 중 도시공원에 해당하는 미집행 시설이 일정 기간이 지나면 자동으로 도시계획시설에서 해제된다는 의미이다. 간단하게 말해서 10년 이상 장기간 도시공원으로 지정되어 있지만 토지를 매입하여 공원 시설을 설치하지 않으면 공원에서 해제되어, 주택이나 상가 등 다른 용도로 개발이 가능해진다.

1990년대에 미집행 도시계획시설 토지주들은 조세 부과와 행위 제한으로 개인 소유권이 침해된다는 이유로 당국에 많은 민원을 제기하였으며, 급기야 헌법소원으로 번지게 된다. 헌법재판소는 1999년 10월 21일 장기 미집행 도시계획시설은 헌법이 정한 개인의 권리를 침해한다는 이유를 들어 헌법 불합치 결정을 내린다. 헌재의 이러한 결정에 따라, 도시공원 일몰제가 시행되게 되었다.

이렇게 도시공원이 일몰로 사라지면 도시공원의 절대면적 축소, 훼손과 난개발로 인한 도시 생태계의 단절과 분절, 생태계 서비스의 양적·질적 감소, 도시 생태계의 지속가능성 저하, 이용 제한에 따른 시민 불편, 공원 서비스의 상대적 소외 지역 발생과 환경 복지의 양극화 등 다양한 문제들이 연쇄적으로 일어날 것이다.

미조성 면적 516km^2 중 10년 이상 장기 미집행 도시공원은 442km^2로 약 86%를 차지하고 있어 장기 미집행 도시공원 실효 시 1인당 도시공원 면적이 축소될 것이다. 경기도의 경우 도시공원 3,387ha(18.7%)가 감소하게 되는데 이는 법적 기준(6m^2/인)에 못 미치는 시·군 4개를 발생시킨다.[2] 전체 미집행 공원 면적 중 국공유지를 제외한 사유지 면적이 322km^2로 73%를 차지한다. 해제 이후 개인이 소유하고 있는 땅은 개발 압력이 높아지게 될 것이다.

도시공원 일몰의 원인은 무엇일까?

보는 관점에 따라 다양한 원인 분석이 가능하겠지만 예산 지원

그린 챌린지: 한국환경보고서 2018

---

2 김한수, 「경기도 장기 미집행 도시공원 현안과 대응방안」, 경기연구원, 『장기 미집행 도시공원 실효방안 토론회 자료집』, 2016.

없는 공원 사무의 지방 이양과 지자체의 예산 부족이 손꼽힌다. 원래 도시공원의 지정과 조성 관리는 중앙정부의 책임이었다. 1991년 모든 지역의 공원이 광역지자체로 공원 사무 위임이 완료된 후 2000년 공원 사무는 광역지자체에서 기초지자체로 이양된다. 현행법상 기초지자체가 도시공원 조성 관리의 모든 책임을 지는 상황이다. 기초지자체는 예산이 부족하여 도시계획시설 중 도시공원으로 지정된 부지에 공원 시설을 제대로 설치하기 곤란한 상황이다.[3] 현재까지 확인된 미집행 도시공원 전체 면적을 도시공원으로 조성하기 위해 필요한 예산 총액이 총 39조 원에 이를 것으로 예측되는데, 재정 여건이 좋지 못한 시 · 군의 경우 도시공원을 추가로 조성하기는 어렵다. 결국 도시공원기본계획만 형식적으로 수립하고 집행하지(조성하지) 못해 미집행 상태로 놓인 채 수명만 연장되어 일몰 시기에 놓인 도시공원은 하나둘 해제되어 사라지고 있다.

문제해결과 피해 최소화를 위한 대응 방안들

일몰 위기에 처한 도시공원 문제를 해결하기 위한 다양한 대안들이 제시되고 있다. 일부는 시행되고 있지만 큰 성과를 거두지 못하거나 부작용을 낳고 있는 경우도 있다.

우선, 공원 사무를 책임지고 있는 기초자자체가 공원녹지특별회계, 조성기금, 지방채 발행을 통해 확보된 재정을 투입하

3   신재욱, 「장기미집행 도시공원의 보상제도 개선에 관한 연구」, 2014. 44쪽.

여 부지를 매입하거나 임차하여 공원을 조성하는 방안이 있다. 물론 유효한 방안인지는 미지수이다. 공원녹지 특별회계는 공원 녹지세라는 세목의 신설이 필요하고, 성남시 등 일부 지자체에서 운영하고 있는 공원녹지 조성기금 역시 안정적인 자체 재원이 없다면 실효성이 낮을 것이다. 효과를 기대할 수 있는 지방채 발행 역시 중기지방재정계획에 반영되는 한에서 가능하다. 예외적으로 재정 자립도와 부채 비율에 따라 투자 심사를 하여 발행할 수는 있으나 쉬운 일은 아니다.

유력한 방안으로 '국토의 계획 및 이용에 관한 법률'을 개정하여 국공유지를 일몰 대상에서 제외하는 것을 고려할 수 있다. 1999년 헌법재판소의 장기 미집행 도시계획시설에 대한 헌법 불합치 결정 취지는 개인 사유지에 대한 사익 침해였으므로 국공유지는 헌재의 결정 대상이 아니라는 유권 해석이 가능하다. 법 개정을 통해 국공유지를 일몰 대상에서 제외한다면, 장기 미집행 도시공원 면적의 27%인 120km^2에 이르는 면적을 도시공원으로 유지할 수 있을 것이다. 현재 국회에서 법 개정을 위한 입법 발의가 진행되고 있다.

민간 참여 방안의 하나인 민간공원특례제도는 5만m^2 이상의 장기 미집행 도시공원에 대해 민간 자본이 택지 등의 개발 사업(총면적의 30%)을 하게 하면서 구역의 일부에 도시공원(총면적의 70%)을 조성하여 지자체에 기부 채납하는 방식으로 실행되고 있다. 특혜 시비와 도시의 난개발을 막기 위해서는 현재의 제안 사업을 공모 사업으로 전환시키고 경제성, 적격성 등 사업의

그린 챌린지: 한국환경보고서 2018

타당성 검토를 강화할 필요가 있다. 또한 도시민의 이용 및 도시 환경을 고려해 지자체에서 우선 확보해야 할 도시공원은 민간공원조성 특례 사업 대상지에서 제외시켜야 한다.

녹지활용계약제도는 지자체와 토지 소유주가 일정 기간 동안 계약을 맺어 지자체는 해당 부지를 공원으로 조성하여 시민들이 이용하게 하고, 토지주에게는 토지의 식생 또는 임상의 유지와 보존 및 세금 감면 등 이용에 필요한 지원을 하는 것을 주요 내용으로 하는 제도이다. 취지는 매우 좋으나 토지주와 지자체 모두 관심이 없기는 마찬가지다. 지자체는 세수 감소와 과다 업무를 이유로 애써 홍보하려 하지 않으며, 토지주는 계약에 대한 불신과 토지 자산에 대한 과도한 집착 때문에 관심을 보이기 싫어한다.

신규 도입을 준비하고 있는 민영공원제도는 5만m^2 미만의 장기 미집행 도시공원에 대해 소유주가 수익 시설(총면적의 40%)을 설치 운영하면서 나머지 60%의 면적에 공원을 조성하여 시민들이 이용하게 할 수 있는 제도로 알려져 있다. 이 또한 난개발의 우려가 있는 제도이다.

개발권이양제도는 개발권을 소유권과 분리시켜 이를 공유화하고 개발이 제한된 지역에서 개발이 필요한 지역으로 개발권이 양도될 수 있도록 하는 제도로, 토지 소유자가 장래 허용 가능한 개발용적을 고밀도 개발이 가능한 지역으로 분리하여 양도할 수 있도록 함으로써 보전이 필요한 토지를 공유화하는 등 공공의 토지 이용 목적을 민간 시장에 개발권을 판매하여 달성하는 제도인데, 제도 실행을 위한 기반 구축에 많은 시간과 노력이 필요해 보인다.

시민 참여를 통한 공원 조성 방안으로는 도시공원 트러스트가 있다. 트러스트는 시민들이 기금을 모아 보전이 필요한 토지를 매입하거나 토지주로부터 기부를 받아 토지를 시민 자산화하는 시민운동이다. 사후 대응 방안 중의 하나인 도시 숲 트러스트 역시 해제된 도시공원 부지를 똑같은 방식으로 시민 자산화하는 것이다.

도시자연공원구역제도는 장기 미집행 도시공원 문제를 해결하는 대안으로 제안되어 국토의 계획 및 이용에 관한 법률에 의한 용도 구역의 하나로 입법화되었다. 해제되는 도시공원을 도시자연공원구역으로 전환 지정하여 개발제한구역에 해당하는 강한 규제를 명시했었는데, 이후 개정 과정에서 토지주들의 민원과 반발로 의무 조항이 아닌 임의 조항으로 변경되어 현재는 거의 사문화된 제도다. 토지주의 소유권 침해를 최소화할 수 있게 하고 편입된 토지에 대한 세금 감면 등 제도를 개선한다면 해제 이후 대안으로 생각해 볼 수 있는 제도이다.[4]

해제 이후 방안의 하나로서, 보전 녹지 지정과 편입이 있다. 도시·군관리계획수립 지침에 의해 불합리하게 지정된 공원에 대해 보전 녹지 지정이 가능하게 되어 있고, 보전 녹지 지정 기준에 따라 도시 자연공원 및 근린공원이 해제될 경우 가급적 보전 녹지 지역으로 지정될 수 있게 되어 있다. 또한 2015년 국토부의 장기 미집행 도시공원 해제 가이드라인은 '공원이 과다하

---

4   박문호, 「도시공원일몰제 대응」, 도시공원일몰제 대응 시민행동, 『도시공원일몰제 대응 전략 워크숍 2차 자료집』, 2017.

(위) 도시공원 일몰제에 반대하는 시위 집회. ⓒ대전충남녹색연합
(아래) 민간공원 특례제도에 반대하는 집회. ⓒ대전충남녹색연합

게 지정된 경우' 시설을 해제하고 용도 지역인 보전 녹지로 지정하도록 하였다. 그러나 이 또한 실행되기에는 많은 걸림돌이 있어 보인다. 보전 녹지 지정을 위한 재평가 과정에서 발생이 예상되는 토지주와의 갈등 때문이다.[5]

시민의 관심과 적극적인 참여만이 답이다

도시공원 일몰제에 대처하기 위해 중앙정부의 도시공원에 대한 역할과 책임을 강화하고 국토부 산하에 전담 부서 신설과 민관 협치기구를 설치하고, 기존의 개선 방안을 재검토하여 우선과제와 장기과제를 구분하여 전략적으로 대응하며, 우선적으로 시민 복지와 도시생태경관 보전을 위한 최소한의 면적을 확보하며 장기적으로 해제 이후 보전녹지로 편입하는 것 등을 논할 수 있다. 그러나 말처럼 대책들이 만들어지지 않을 것이다. 중앙정부와 지방정부 간에 책임 떠넘기기는 계속될 것이고 정치권은 여론의 눈치를 보며 제도 개선을 차일피일 미룰 것이다.

문제해결의 열쇠는 의외로 단순한 곳에 있을 수 있다. 겉으로는 재정 부족을 이유로 들어 문제해결이 불가능하다고 에둘러 이야기하지만, 정말 부족한 재정이 이유일까? 재정이 아니라 시민의 관심과 요구의 표출이 부족해서가 아닐까? 돈보다는 표가 부족한 것 아닐까? 시민들이 도시공원 일몰의 문제를 알고 관심을 보일 때 문제해결은 시작될 수 있다. 도시공원을 수많은 생명

그린 챌린지: 한국환경보고서 2018

---

5   박문호, 같은 책.

체들이 살아가는 생태 공간으로, 국토의 광역 녹지축으로, 도시의 아름다운 경관, 시민 복지를 위한 필수적인 공간으로 인식할 때, 그리고 도시공원 문제해결이 필요하다는 사회적 공감대와 공동의 책임 의식을 확산시킬 때 솔로몬의 지혜가 발현될 것이다. 도시공원에 대한 시민들의 인식의 변화와 참여는 도시공원을 다시 살려낼 것이다.

좌담:
"개발주의 시대는
끝났는가?"

환경운동과 시민의 관계,
시민과 자연과의 관계 설정에 대한
재점검이 필요하다.
환경권을 시민성으로 확보하기 위해,
환경의 부정의함을 복원하기 위한 방안으로
헌법에 환경권의 구체적 명시가
필요하다는 데 동의한다.
시민과 자연과의 관계 설정에 대한 재점검
그리고 환경운동과 시민의 관계에 대한 성찰은
여전히 우리에게 남은 과제라고 본다.

"개발주의 시대는 끝났는가?"

촛불 대선으로 당선된 문재인 정부는 지난 정부에 의해 후퇴하고 왜곡되었던 정치, 경제, 사회의 민주적 과제들을 정상화시키고 여러 갈등 현안들을 해결해야 할 임무를 부여받고 있다. 환경 문제도 예외는 아니다. 우리 사회의 지배적 담론이었던 개발주의의 폐해를 극복해야 하는 과제가 있다. 주요 환경 현안을 문재인 정부는 어떻게 해결해 갈 것인가. 과거를 반추하고 현재를 점검하면서 우리 운동의 과제를 모색해 보고자 한다.

좌담 일시: 2018년 1월 24일

좌담 정리: 녹색사회연구소

조명래 한국환경정책평가연구원 원장

명호 생태지평 부소장

강찬수 중앙일보 환경 전문기자

○○호 전 기독교환경운동연대 한국교회환경연구소 연구실장

사유되고 독점되어 온 자연자본

유미호 수십 년간 우리 사회를 지배해 왔던 개발주의는 여러 양상으로 나타났다. 새 정부의 등장과 함께 개발주의가 종언을 맞이할 수 있지 않을까 하는 기대가 생기는 것이 사실이다. 물론 현 정부가 과연 과거와 단절할 수 있을까 하는 우려도 존재한다. 본격적인 이야기를 시작하기 전에 먼저 개발주의란 무엇인지부터 이야기해 보자.

강찬수 그동안 자연자본은 사유되고 독점되어 왔다. 제프리 힐(Jeffrey Hill, 『자연자본』의 저자)의 말처럼 자연자본은 인류 공동의 자산이며, 이를 훼손하는 일은 국가와 인류가 가진 부를 상실하는 것이다. 이 과정에서 이익을 보는 집단과 피해를 입는 집단이 발생하고, 다른 생물종의 생존 역시 위협한다. 사람과 사람 간에, 또한 사람과 자연 간의 환경 정의 문제가 대두될 수밖에 없다. 개발주의란 인류 공동의 자산인 자연자본, 생태계 서비스를 소유하고 독점하는 과정이 아닐까 싶다.

조명래 　우리나라에서 개발주의는 크게 3단계 변화 과정을 거쳤다. 첫 번째 단계는 박정희 정부 시절의 공단과 댐, 경부고속도로 건설로 나타나듯, 부흥에서 재건과 건설, 경제개발을 위해 국가가 직접 추진하는 개발 방식, 즉 구(舊)개발주의 단계이다. 그 자체가 근대화의 상징이었으나 대규모 환경 파괴를 전제로 했다.

김대중 정부로 들어서면서 개발주의의 성격이 바뀐다. 국가는 공간 환경을 건설하는 것에 개입해 가기 시작한다. 새만금 간척 사업이 대표적인 예다. 외환 위기 이후 지배적이었던 신자유주의 원리가 국토 환경에도 적용되어 시장의 논리, 자연의 자본화가 본격적으로 이루어지기 시작했다. 박정희 정부의 구(舊)개발주의가 환경을 물리적으로 파괴해 왔다면, 김대중 정부 이후에는 환경이 자본 순환의 영역으로, 즉 환경이 상품과 자본의 대상으로 바뀌게 된다. 신자유주의와 결합한 신개발주의, 그 백미가 이명박 정부의 4대강 개조 사업이다.

박근혜 정부에서의 환경 문제는 새로운 양상을 나타낸다. 대규모 개발 사업보다는 가습기 살균제와 같은 유해물질, 미세먼지 문제를 통해 알 수 있듯, 환경 파괴가 자연환경보다는 그것

개발주의가 물리적, 공간적 생활 환경에 이르기까지 그 범주가 고도화
되고 있다고 본다면, 여전히 개발주의가 작동하는 기제는 무엇일까? 여
전히 그 기제는 유효한 것일까?——유미호

을 넘어서 생활 영역으로 파고든다. 매체에서 수용체로, 생명, 사회 환경의 문제로 넘어오면서 환경 문제의 상품화, 산업화로 이어지고 있다. 더 세밀한 논의와 분석이 필요하겠지만, 이를 세 번째 단계로 구분할 수 있지 않을까 싶다.

명호　자연자본의 사유화, 상품화 과정은 사실 오랜 역사를 가졌다. 전쟁 이후 경제개발은 인적 자원과 자연자원의 착취를 통해서 이루어졌다. 연안과 농지를 중심으로 진행되어 온 개발의 공간이, 차차 내륙과 산지로 확장되는 양상을 나타낸다.

토지에 대한 규제도 노무현 정부 때부터 풀리기 시작했다. 노무현 정부 당시 연안개발특별법을 통해서 1/3에 달하는 연안을 무제한 개발할 수 있도록 허용했다. 하천 보전을 위한 규제 정책이 4대강 사업으로 틀어졌다. 대규모 토건 사업이 국가 정책으로 마무리된 시점은 이명박 정부의 4대강 사업이라 볼 수 있겠다.

박근혜 정부에 이어 문재인 정부에서도 중앙정부 중심의 개발 정책은 다른 성격이나 양상을 지니고 진행될 것으로 보인다. 제도가 고도화되면서 합리성을 띠는 측면도 있지만 제도를 도구로 개발정책을 추진하기도 한다.

유미호　개발주의의 마지막 단계는 우리 사회가 갖는 독특한 양상이라고 봐야 하나?

조명래　물리적 환경의 파괴에서 인문적, 사회적, 문화적 자연환경을 파괴하는 방식으로 변모하고 있다는 이야기인데, 박근혜 정부의 주요 국가 정책은 환경 규제 완화였다. '규제는 암'이란 표현까지 쓰면서 국가가 지켜야 할 빗장을 다 풀고자 했다. 근(近)환경, 생활 환경의 파괴, 규제가 완화되면서 환경 악화가 이윤 추구의 대상이 되어 새로운 상품과 시장을 만들어 낸다.

예전에 가습기, 유기농, 공기청정기는 필요 없었다. 명호 부소장 말처럼 개발의 영역도 연안이나 농지보다는 내륙과 산지로 이동하면서 파괴의 현장이 생활과 가까워졌다고 볼 수 있다. 구 개발주의와 연속성을 갖는 것이기도 하지만, 다른 나라의 경우에서는 나타나지 않은 현상이다.

명호　이명박 정부 이전에 우리가 목도한 것은 자연환경의 파괴였다. 그런데 청계천이 복원이란 이름을 띤 채 상품화된 자연으로 우리 앞에 등장하기 시작했다. 인공적인 자연을 상품으로 변모시키고 사람들이 이를 받아들이는, 즉 자본이 만드는 자연이 통하는 시기라고나 할까? BC카드에서 유통시킨 '부자 되세요'란 말이 인사와 덕담으로 등장하던 시기와 일치한다. 더불어 공간을 물리적으로 파괴하는 것을 받아들이는 수용도 달라졌다고 본다. 4대강 사업이 암묵적으로 동의된 맥락도 이에 닿아 있는 것이 아닐까?

그림 챌린지: 한국환경보고서 2018

유미호 개발주의가 물리적, 공간적 생활 환경에 이르기까지 그 범주가 고도화되고 있다고 본다면, 여전히 개발주의가 작동하는 기제는 무엇일까? 여전히 그 기제는 유효한 것일까?

강찬수 과거 박정희 정부식의 대규모 개발, 대규모 환경 파괴 사업은 사회 빈곤 탈출, 인프라 구축을 위해 불가피한 측면이 있었다. 당시 세대의 경제적 관점에서는 긍정적인 측면도 있었다. 물론 미래 세대나 다른 생물종의 관점을 적용하면 다를 수 있다. 최근에 이루어지는 개발들은 제로섬(zerosum) 혹은 마이너스섬(minussum)일 수 있다. 국가 예산을 갖고 토건 사업자들만이 이익을 보게 되고 그렇게 만들어진 인프라는 전혀 쓸모가 없고 자연만 파괴되는 결과를 낳지 않는가. 내부 개발 사업까지 26조 원을 투자해야 하는 새만금 간척 사업도 그렇고 추진 중인 흑산도 공항도 결국 토건 업자만 이익을 낼 것이다.

개발주의 작동의 문제는 한 번 잘못된 개발은 또 잘못된 개발을 낳는다는 점이다. 4대강 개조 사업 이후 수자원공사는 1년에 이자만 7천 억 원을 갚아야 한다. 금강 물을 보령댐으로 보내서 농업용수로 쓰기 위한 도수로 공사도 4개강 사업을 정당화하기 위해 만든 가뭄 대책이다. 한 번 잘못된 사업이 또 다른 잘못을 낳는 경우이다.

조명래 이명박 정부는 초기 정책의 핵심으로 4대강 사업

을 추진했다. 환경을 도구로 삼았던 청계천 사업의 연장으로 4
대강 사업을 추진한 것이다. 그러나 이미 경제가 고도화된 상
태에서 4대강을 통해서 부가가치를 만들어내는 것은 불가능했
다. 일자리 창출이나 지역 경제 활성화가 이루어지지 못했고,
환경만 망가졌다. 그래서 산업을 녹색화시켜서 성장을 도모하
는 방식, 녹색 성장을 표방하게 된다. 일종의 전환이기도 하지
만, 토건주의의 연장이다. 이를테면 생태효율성이란 이름으로
에코 홈 100만 호를 보급하겠다고 했다. 개별 주택으로 볼 때
에너지 효율이 높아질지 몰라도 에너지 소비 총량이 증가하여
결국 환경을 파괴하는 데 기여하는, 이른바 제본스의 역설[1]이 발
생한다.

　　강찬수　그냥 두어야 할 자연의 영역, 하천과 습지, 섬, 산
등을 4대강 사업이나 케이블카, 공항 건설을 통해 사람의 영역으
로 끌어들이고 있다.

　　조명래　한강도 마찬가지이다. 인공화된 물길을 호안, 직강
화, 보 등을 허물어서 스스로 흐르도록 하는 것이 생태 복원이다.
모두 접근하고 이용하도록 하기보다는 진입할 수 없는 구간을
두고 물길이 스스로 모래톱을 만들고 수생태계를 형성해 가도록
해야 하는데, 본류와 지류 모두 이용을 목적으로 개조하고 있다.
사람을 위한 재자연화 접근 방식은 곤란하다.

그린 챌린지: 한국환경보고서 2018

1　(편집자주) 에너지 소비 효율이 높아졌지만, 수요가 증가함에 따라 오
히려 에너지 사용량이 늘어남을 뜻한다.

선거 때마다 등장하는 개발 공약

유미호 사람도 적당한 거리를 둘 때 관계가 잘 유지되는 것처럼 자연 역시 비워두는 구간이 필요하다. 고도로 세련화된, 환경으로 포장된 경제. 토건주의가 여전히 개발주의를 작동시키는 것인가?

조명래 경제, 우리식의 자본 논리, 거칠게 이야기하면 토건자본에 의해 개발주의가 여전히 작동한다.

명호 불평등의 문제로도 접근할 수 있다. 지역 간, 세대 간 경제적 불평등과 불평등에 대한 저항이 개발주의를 합리화시키는 것 아닐까? (1980년대) 한강 개발을 성장과 발전의 지표로 여기는 것, 결국 한강 개발의 전국화가 4대강 개조 사업이라고도 볼 수 있다. 성장에 대한 추구, 성장의 혜택을 받고자 하는 욕구가 개발을 정당화시킨다.

지역도 분위기가 많이 달라졌는데, 이제는 공공개발 사업으로 자신의 땅이 수용되어 보상받는 것을 원하더라. 환경 문제가 공간의 의미보다 경제적 관점에서 해석되고 대응되는 느낌이다. 환경운동 차원에서 새로운 대응 논리가 필요한 지점이기도 하다. 성장의 관점에서 그 지역의 발전적 대안이 무엇인가에 대한 고민을 하게 된다.

지방자치와 더불어 막개발 혹은 헛공약도 득세하는데, 아직 우리나라
의 지방자치가 풀뿌리 지방자치라기보다는 중앙의 권력을 지방으로 시
혜적으로 나눠주고, 지방 엘리트와 지방 토호들이 지자체장을 차지하고
지방의회를 장악하면서 개발주의를 지방에서 실행하고 전파하는 역할
을 하고 있다.──조명래

강찬수　1987년 이후 5년 단위로 재창출되는 정부가 등장할 때마다 대규모 토목 공약이 만들어졌다. 노태우 정부의 새만금과 경부고속철도, 김대중 정부의 새만금, 노무현 정부의 세종시, 이명박 정부의 한반도 대운하가 그런 것이다. 5년 단위로 공약을 세우고 추진한다. 공약이었기 때문에 다음 정부도 함부로 취소하기는 곤란하다.

조명래　선거 때마다 개발 공약이 극성을 부리는 이유는 그것이 표로 연결되고 지지율을 높이는 데 효과를 보기 때문이다. 그렇다면 개발주의의 원인 제공자인 권력만이 아니라 국민들 역시 일정한 책임이 있다고 볼 수 있다. 물론 개인 의식은 사회적으로, 정치적 조작에 의해 노출되고 학습되기도 한다. 지방자치와 더불어 막개발 혹은 헛공약도 득세하는데, 아직 우리나라의 지방자치가 풀뿌리 지방자치라기보다는 중앙의 권력을 지방으로 시혜적으로 나눠주고, 지방 엘리트와 지방 토호들이 지자체장을 차지하고 지방의회를 장악하면서 개발주의를 지방에서 실행하고 전파하는 역할을 하고 있다.

문재인 정부의 개발에 대한 태도

유미호　촛불 대선으로 등장한 문재인 정부는 후퇴하고 왜곡되어 왔던 우리 사회의 여러 현안들을 제 궤도로 돌려놓고 사

문재인 대통령을 중심으로 일부 다른 흐름이 제시되고는 있지만, 개발주의 작동 기제, 지역의 개발 욕구도 여전히 살아 있다. ──명호

회 전반의 열망과 과제를 적극 추진해 내겠다고 자처했다. 4대강 보를 일부 개방한 이후 강이 살아나고 있다는 이야기도 들린다. 그러나 여전히 우려의 목소리도 존재한다. 극도로 고도화된 개발주의 양상이 현 정부에서 어떻게 연결되고 남아 있는지 점검해 보자.

명호　대통령이나 정부가 바뀐다고 사회가 근본적으로 바뀌는 것은 아니다. 문재인 대통령을 중심으로 일부 다른 흐름이 제시되고는 있지만, 개발주의 작동 기제, 지역의 개발 욕구도 여전히 살아 있다. 예를 들어 박근혜 정부의 환경부는 임진강 하천정비사업에 문제가 많다고 이를 반려했었다. 그런데, 현 정부의 서울지방국토관리청은 반려된 사업을 달라진 것 하나도 없이 그대로 다시 신청을 했더라. 대통령의 입장이나 성격과 무관하게 작동 기제는 여전히 살아 있다는 의미 아닐까?

새만금 간척 사업이나 4대강 사업의 성격을 문재인 정부가 바꾸기는 힘들 것이다. 신고리 5·6호기 공론화 이후 에너지민주주의에 대한 시민 의식이 달라지게 될 것으로 보이듯, 사회가 무엇을 지향하고 어떻게 나아갈 것인가를 둘러싼 담론합의의 과도기를 거치지 않을까? 절차적 민주주의를 적용하는 정도일 것이다.

강찬수　문재인 정부는 환경과 외교 문제에서 매우 애매하고 주저하는 태도를 보이고 있다.

4대강 재자연화, 고고도미사일방어체계(THAAD · 사드) 배치, 원자력발전소와 석탄화력발전소, 보호 지역 내 케이블카 건설 문제를 대하는 태도를 보면 문제를 일정하게 인식하면서도 과감하게 추진하지 못한다. 올해 말까지 환경부는 4대강 보를 어떻게 할지 결정하겠다고 했지만, 이렇게 느린 진도로 4대강에 대한 플랜을 연말까지 풀어낼 수 있을지 의문이다. 또 새만금 간척 사업의 문제를 인식했다면 문재인 정부가 '해양의 날' 행사를 새만금에서 진행할 수 없었을 것이다. 전남도에서는 영산강 하구둑을 허물자는 논의를 하고 하는데, 정부의 가뭄 대책은 영산강 하구둑의 물을 간척농지에 농업용수로 쓰겠다며 도수로 공사를 하겠다고 한다. 하구둑을 허물면 물을 가져갈 수 없으니 도수로 공사는 불필요한 것인데, 엇박자를 내고 있다. 정부 내 개발을 추구하는 집단의 영향력이 여전히 존재하는데, 그 이유도 문재인 정부의 철학에 일관성이 부재하기 때문이기도 하다.

조명래 진보 정부가 들어서면 막연히 환경이 좋아질 것이란 기대를 하지만, 개발주의 관성은 경로 의존적이어서 쉽게 바뀌지 않는다. 김대중 정부는 그나마 대통령 지속으로 지속가능발전위원회를 만들어서 국정 과제 전반에 대한 지속가능성 검토를 수행하려 했다. 노무현 정부는 기대에 비해 환경에 대한 정책적 · 제도적 배려가 약했다. 분산과 균형 발전 정책은 오히려 지역의 대규모 토건 개발로 이어졌고, 생태계에 대한 고려 없이 각종 개발 특별법을 양산했다. 오죽하면 노무현 정부를 신개발주의 정부라고 했겠나.

강찬수 상대적으로 진보 정부라고 해서 크게 다르다고 보기 힘들다. 노무현 정부 시기와 노태우 정부 시기의 골프장 승인 건수가 역대 정권을 통틀어 '양대 산맥'을 이룬다. 최근에도 국회 쪽에서는 개발 욕구를 규제 프리존[2]이란 방식으로 풀어가려 한다.

조명래 진보 정부가 추구하는 분배, 분권, 평등이란 가치는 인간 사회적인 범주 내에 갇혀 있다는 것이 한계이다. 현 정부도 크게 다르지 않다. 보수 정부에 비해 약간 환경을 고려하는 정도가 아닐까? 과거에 비해 현 환경부는 환경권, 환경 정의를 강조하지만, 환경부 외의 주류 부서에서 산업, 기술, 권력으로 담아주어야 실현 가능한데, 의문스럽다.

강찬수 환경부의 계획은 산업부와 국토부의 반대에 부딪힐 것이다. 관건은 타 부처와의 관계에서 얼마나 자기 계획을 구현해내는가이다.

3부 좌담: 개발주의 시대는 끝났는가?

2 (편집자주) '지역전략산업육성을 위한 규제 프리존의 지정과 운영에 관한 특별법'이 국회에 발의되어 있다. 이 법은 현행 법령상 여러 규제에도 불구하고 지역별 전략 산업에 맞는 차등화된 규제 특례를 부여하는 법적 근거를 마련하려는 것이다.

문재인 정부는 환경과 외교 문제에서 매우 애매하고 주저하는 태도를 보이고 있다. 4대강 재자연화, 고고도미사일방어체계(THAAD · 사드) 배치, 원자력발전소와 석탄화력발전소, 보호 지역 내 케이블카 건설 문제를 대하는 태도를 보면 문제를 일정하게 인식하면서도 과감하게 추진하지 못한다.―강찬수

조명래　새정부가 환경 정책을 우선하는 정책에 방점을 두려면, 환경부 장관을 지지해 주는 정도가 아니라 환경부총리로 위상을 격상시켜야 한다. 환경부의 환경 정책이 아니라 주무 부서들에서도 관철되도록 국정을 관장·조정할 수 있는 시스템을 갖춰야 한다.

강찬수　토건 세력이 남아 있다면 정부는 생태계를 파괴하는 것이 아니라 기존의 인프라를 정비하는 방식으로 개발 욕구를 해소하도록 견인해야 한다. 자연자원총량제[3]도 적극적으로 도입해야 하고, 지속가능발전위원회[4]를 다시 복원해서 정부 정책 전반을 녹색화하는 것도 필요하다.

명호　강찬수 기자가 지적했던 것처럼 문재인 정부가 주저하는 것은 자기 기반이 약하다는 것을 알기 때문일 것이다. 이명박-박근혜 집권 기간을 잃어버린 10년이라 일컫는 것은 그나마 존재했던 제도와 시스템이 무력화되었기 때문이다. 시스템을 다

3　(편집자주) 자연자원을 보전하고 국토의 난개발을 막기 위한 것이다. 자연자원의 보전 총량을 설정하고 개발로 인해 훼손·감소되는 가치 이상을 복원케 하는 제도이다. 개발사업 시행 전에 보전·복원 계획을 세워야 한다.

4　(편집자주) 지속가능성이란 현재 세대의 필요를 충족시키기 위하여 미래 세대가 사용할 경제·사회·환경 등의 자원을 낭비하거나 여건을 저하(低下)시키지 아니하고 서로 조화와 균형을 이루는 것을 말한다. 지속가능발전위원회는 지속가능성에 기초하여 경제의 성장, 사회의 안정과 통합 및 환경 보전이 균형을 이루는 발전을 도모하기 위해 2000년 대통령 직속 위원회로 발족되었으나, 2010년 이명박 정부 당시 녹색성장기본법이 만들어지면서 지속가능발전이 녹색 성장의 하위 개념이 되었고, 환경부 산하 위원회로 격하되었다.

시 정상화시키는 것이 문재인 정부의 역할 아닐까. 지속가능위원회의 복원이나 전략영향평가[5] 강화도 방안일 수 있다.

환경권을 시민성으로 확보해야 한다

유미호   시민들의 환경 의식이 예전과 달라진 점은 없는가?

조명래   과거 설문조사를 해보면, 우리 사회에 가장 시급히 해결해야 할 문제를 경제보다 환경으로 꼽는 경우가 더 많았다. 이때 환경은 '나의' 환경이라기보다 '우리의' 환경이었다. '우리'에서 '나'로 바뀐 시점이 환경을 산업화, 상품화했던 이명박·박근혜 정부부터이다. 환경보다 경제가 더 중요해졌고, 환경 역시 보호하려는 의식보다 피해 의식과 그에 따른 권리 의식이 높아졌다. 우리의 환경이라기보다 나의 환경, 나의 생명 파괴에 대한 저항과 반발이라고도 할 수 있다.

유미호   환경적 삶을 풍요롭게 만들기 위해 건강한 환경 의식을 발굴하고 촉진하면서 스스로 환경의 주체가 되도록 해

---

5   (편집자주) 환경에 영향을 미치는 상위계획을 수립할 때에 환경보전계획과의 부합 여부 확인 및 대안의 설정·분석 등을 통하여 환경적 측면에서 해당 계획의 적정성 및 입지의 타당성 등을 검토하여 국토의 지속가능한 발전을 도모하기 위한 제도이다.

야 한다. 생활환경과 자연환경을 연결하면서 실제 삶에 기반을 둔 환경운동이 필요하지 않을까? 환경운동에 어떤 변화가 필요할까?

강찬수 미세먼지가 심각하다고 느끼지만 수도권의 경우 중국이나 석탄화력발전소 등 산업 부문보다 경유차 등 자동차 운행으로 인한 요인이 크다. 시민들도 이를 느끼지만 미세먼지가 심한 날 자동차 운행을 억제하는 것에는 인색한 편이다. 환경운동이 자연환경과 생활환경을 잘 연결시키면서 시민들의 참여를 유도해야 하지 않을까 싶다.

명호 과거에는 개인이 위험사회에 어떻게 대처해야 하는가가 문제였다면 지금은 모두에게 닥치는 위험에 대해 어떻게 대처할지 그 해법을 찾아야 한다. 정부와 시민사회가 협력해야 하는 지점이다. 요즘 드는 생각이 개발에 대한 도그마는 개발주의자들만이 갖고 있는 것이 아니라 우리도 마찬가지 아닐까 하는 생각이 든다. 과거의 기준과 관점에서 벗어나 개발과 훼손을 재정리할 필요가 있다. 이를테면 갯벌과 어업의 관계, 생태적 용량에 영향을 미치는 케이블카와 등산로를 생각하며, 지역 주민과의 공존이나 훼손의 총량적 관점에서 개발과 훼손 문제에 접근하면, 시민들과의 접점을 더 많이 만들어낼 수 있지 않겠나 싶다. 대안적 발전에 대한 상을 스스로 만들어내는 과정이 필요하다.

환경운동도 주민과 시민들로부터 선택을 받는다는 점도 숙고해 볼 필요가 있다. 또한 환경권의 시민성을 회복시키는 일 역시 과제이다.

조명래　헌법에 환경권이 명료하게 명시되어야 이를 기반으로 법률들을 만들고 정책으로 펼칠 수 있다. 환경권이 추상적인 권리가 아닌 물권과 같이 구체적인 권리로 이해되어야 한다. 기본권의 어느 부분에서 내 환경이 침해당하고 있는지 하나하나 들춰내면서 피해를 입은 주민들이 스스로 권리를 보호받을 수 있도록 캠페인을 벌여야 한다. 단지 사인 간 재산 침해만 보상받는 것이 아니라 공법 차원에서 공적 환경에 대한 침해 문제로 까지 다루어져야 한다. 시민운동도 바뀌어야 한다.

시민들의 환경 권리 의식에 맞춰야 한다. 개발주의가 변모된 양상을 띠고 있듯, 매체를 중심으로 했던 운동에서 수용체 중심으로 바꿔야 하지 않을까? 건강과 환경에 대한 권리에 초점을 맞췄다면 박근혜 정부를 거치면서 환경운동이 많이 위축되지는 않았을 것이라고 본다.

유미호　환경운동과 시민의 관계, 시민과 자연과의 관계 설정에 대한 재점검이 필요하다. 환경권을 시민성으로 확보하기 위해, 환경의 부정의함을 복원하기 위한 방안으로 헌법에 환경권의 구체적 명시가 필요하다는 데 동의한다. 시민과 자연과의 관계 설정에 대한 재점검 그리고 환경운동과 시민의 관계에 대한 성찰은 여전히 우리에게 남은 과제라고 본다. 정부의 환경 정책이 새로워지고 진일보해야 구 정부와 단절한 새 정부란 명칭을 저항 없이 얻는 것처럼, 환경운동 역시 새로운 환경과 시대에 맞는 활동을 펼칠 때, 과거에 머무르지 않는 움직이는 운동으로서 시민들로부터의 지지를 받을 수 있을 것이다. 오늘 말씀 모두 감사하다.

이슈:
2017년 10대
환경 뉴스

앞으로 우리 사회가
무언가를 공론의 장에 부친다면,
그 의제는 양자를 택일하는 것이
아니어야 한다.
우리가 직면한 문제를
정확히 정의할 수 있는 질문에서 출발하여,
그 질문을 통해
우리 사회가 직면한 문제를
국민들이 공감하며, 공감대를 바탕으로
더 나은 해법을 찾아가는 과정으로
공론의 장이 설계되어야 한다.

1

신고리 5·6호기
공론화와 탈원전

윤기돈 녹색연합 활동가

그린 챌린지: 한국환경보고서 2018

"인간은 신이 아니며, 불완전하다. 인간이기에 원전이 가동되는 동안, 원전 사고 발생 확률을 0으로 만들 수는 없다. 스리마일, 체르노빌, 후쿠시마 사고가 이를 입증한다. 만약 우리나라에서 후쿠시마처럼 원전 사고가 발생한다면, 그 피해 규모는 상상을 초월한다. 어떤 행위를 함에 있어서 위험을 0으로 만들 수는 없지만, 행위 자체를 회피하는 것은 가능하다. 따라서 원전 사고 위험을 0으로 만드는 유일한 방법은 탈원전뿐이다."

"인간이 신이 될 수는 없지만, 한계를 극복하기 위해 끊임없이 도전해 왔다. 그것이 오늘날 인류 역사를 만들어냈다. 위험은 그 과정에서 수반되는 하나의 부분이다. 그러한 위험은 과학기술로 통제할 수 있다. 따라서 후쿠시마와 같은 사고가 우리나라에서는 발생하지 않을 것이다. 그러니 일어나지도 않을 사고 걱정으로 원전을 포기하는 것은 비합리적인 행동이다."

탈원전을 주장하는 측과 친원전을 주장하는 측의 인식차이다.

신고리 5 · 6호기 공론화 결과는 탈원전으로 대표되는 안전한 에너지로 전환해야 한다는 주장에 힘을 실어주었지만, 신고리 5 · 6호기 공사 관련해서는 재개 의견이 우세했다. 탈원전과 친원전 양측 모두 만족할 만한 결론은 아니다. 탈핵 운동 과정에서 도출된 신고리 5 · 6호기 공론화 과정과 결과, 여러 쟁점들을 통해 무엇을 살리고 보완해야 하는지 짚어볼 필요가 있다.

탈핵 운동, 계획된 원전을 백지화하다!

한국의 탈핵 운동은 1990년대 중후반부터 2000년대 초반까지 소강 상태에 머물렀다. 핵폐기물 처분장을 둘러싼 운동만이 탈핵 운동에서 제 역할을 해냈다. 이마저도 2005년 부안 핵폐기장 건설 싸움을 정점으로 정부가 고준위핵폐기물(사용후핵연료)과 중저준위폐기물을 분리하면서 경주에 중저준위방사성폐기물 처분장 입지를 선정함으로써 제 힘을 발휘하지 못하게 되었다. 그렇게 탈핵 운동이 주춤거리고 있을 때, 일본 후쿠시마에서 끔찍한 핵발전소 사고가 발생했다. 일본의 불행을 타산지석으로 삼아야 한다는 시민들의 인식 확산과 참여는 탈핵 운동의 불씨를 살려냈다. 탈핵 운동 역사상 가장 많은 단체들이 '핵없는 사회를 위한 공동행동'이라는 이름으로 함께했다. 해마다 탈핵을 위한 다양한 활동들을 전개했으며, 정치권에 시민들의 의사를 전달하는 창구 역할을 자임했다. 연이어 터진 원전 업계의 비리와 사고 은폐 등은 원전의 퇴출이 불가피하다는 인식을 확산하는 또 다른 계기가 되었다. 시민들의 인식은 이렇게 바뀌어 갔지만 이전 정부는 원전의 확장을 꾀했고, 원전 확장을 우려하는 에너지 전문가들의 의견도 무시되었다. 정부의 방해에도, 삼척과 영덕에서는 원전 부지 유치를 철회해야 한다는 지역 주민들의 목소리를 주민투표로 모아냈다. 지난 19대 대통령 선거에서 원전 확대를 멈춰야 한다는 지점에서 대다수 후보들이 같은 목소리를 냈다. 주요 후보들의 '더 이상 신규 원전 건설은 없다'라는 선언, 계획된 신규 원전 부지 철회, 착공되지 않은 원전 건설 백지화 도출은 탈핵 운동의 성과로 볼 수 있다. 문재인 대통령은 공론화에 부쳐, 공사 재개 결과가 나온 신고리 5·6호기를 제외하고, 나머지 탈원전 공약을 제8차 전력수급기본계획에 반영하였다. 더 이상 대한민국에서 새롭게 원전이 착공되는 일이 발생하지 않는 성과를 탈핵 운동이 낸 것이다.

> 탈핵 운동 진영의 신고리 5·6호기에 대한 입장
> 원전은 보이지 않게 배출되는 방사성 물질, 10만 년 이상 밀폐 보관해야 하는 핵폐기물, 빈번히 발생하는 초대형 핵발전소 사고에 노출되는 위험이 있다.
> 우리나라의 원전 밀집도는 세계 1위로, 고리원전 30킬로미터 반경

내 거주하는 사람들은 380만 명이나 된다. 17만 명이 반경 30킬로미터 내 거주했던 후쿠시마와 비교하면 스무 배가 넘는다.

원자력이 저렴한 에너지인 듯 홍보되고 있지만, 건설에서 폐기까지의 비용을 단가에 반영하면 원자력은 5년 안에 태양광에 비해 1.5배나 비싼 에너지가 될 것이란 전망도 있다.

신고리 5·6호기의 경우 공론화를 위해 공사가 중단되기까지 투입된 공사비는 1조 6천억 원이다. 완공 시점은 2021년으로 공정율은 약 29%[2]였다. 원자력계는 이미 투입된 1조 6천억 원 외에 계약 해지에 따른 보상 비용 1조 원을 추가하면 총 2조 6천억 원이란 매몰비용이 발생한다고 주장했다. 물론 총 공사비는 8조 6천억 원이므로, 공사를 계속할 경우 앞으로 7조를 더 투입해야 하는 상황이었다. 탈핵 진영은 이 돈을 위험 시설을 가동하는 데 투자하기보다 재생에너지 확대를 위해 쓸 것을 요구해 왔다.

신고리 5·6호기 공론화 과정과 결과

2017년 6월 27일 국무회의 결정에 따라 신고리 5·6호기 공론화위원회에 의해 시민참여단이 구성되었고, 3개월의 활동 기간을 가졌다. 471명으로 구성된 시민참여단은 총 33일간의 온라인, 오프라인을 통한 숙의 과정에 참여했고, 마지막 2박 3일간의 종

---

1 미국 에너지정보청과 영국의 기업에너지산업전략부가 발표한 균등화발전원가.

2 이는 설계와 기자재 구매 등을 포함한 것으로 실제 건설 공정율은 10%에 머물렀다.

합토론회에서 신고리 5·6호기 공론 방향을 도출하기 위한 최종 조사에 참여했다. 공론화위원회는 10월 20일, 조사 결과를 종합하여 발표했다. 일시 중단 중인 신고리 5·6호기 건설 재개(건설 재개 59.5%, 건설 중단 40.5%)와 원전을 축소(축소 53.2%, 유지 35.5%, 확대 9.7%)하는 방향으로 에너지 정책을 추진할 것과 건설 재개에 따른 보완 조치 세부 실행 계획을 마련할 것을 정부에 권고했다. 정부는 정책 권고안을 받아들였고, 신고리 5·6호기 공사는 재개되었다.

공약의 후퇴인가? 민주주의의 확장인가?

대통령 선거 당선 전 신고리 5·6호기 공사를 중단하겠다던 문재인 대통령은 당선 후 공론화로 공사 중단 여부를 결정하겠다고 발표했다. 탈원전을 주장하는 사람들은 공약대로 이행하지 않고 공사 중단 여부를 공론화에 붙인 것 자체가 무책임한 공약 후퇴라 비판하였다. 탈원전 진영에서 보면 당연한 비판이었다. 그러나 한반도 대운하 역시 이명박 대통령의 공약이었음을 볼 때, 공약이라는 이유로 무조건 강행하라는 주장을 펼치기에는 환경 단체로서는 자기모순이 존재했다.

국가의 주요 정책에 대해 국민들이 직접 참여하는 공간을 열어 민주주의를 확장하는 것, 쟁점이 있는 사안에 대해서는 공약이라도 국민에게 묻겠다는 태도에 이의를 제기할 수는 없다.

에너지 전환이란 에너지 민주주의라는 개념을 내포하고 있고, 공론화란 참여민주주의 정책 결정 과정에서 이룬 한 단계 진전이다. 문제는 정부가 공론화에 부치기 이전에, 대통령 공약인 신고리 5·6호기 건설 백지화에 따른 대안을 보여주며, 반대 의견을 가진 시민들의 우려를 불식시킬 수 있는 구체적 로드맵을 보여주며 이해를 구하는 과정이 생략된 점에 있다. 이러한 점에서 공론화를 통한 결정 방식이 공약 파기의 책임을 회피하기 위한 의도와 묘수라는 비판에서 현 정부는 자유로울 수 없다. 신고리 5·6호기 사회적 공론화는 에너지 민주주의의 실험과 정치적 책임 회피의 경계에 아슬아슬하게 서 있었다는 말이 그래서 나온다.

공론화 의제로서 적절했는가?

공론화를 "특정한 공공 정책 사안이 초래하는, 혹은 초래할 사회적 갈등에 대한 해결책을 모색하는 과정에서 일반 시민과 이해관계자들 및 전문가들의 다양한 의견을 수렴함으로써 정책 결정에 대한 사회적 수용성을 확보하고자 하는 일련의 절차"[3]라고 규정하는 데 동의한다면, 찬반 선택을 공론화에 부치는 것이 적절한 것인지를 묻지 않을 수 없다. 다양한 가능성을 놓고 문제를 해결하기 위한 더 나은 해법을 모색하는 것이 공론화라 본다면, 신고리 5·6호기 공사 중단에 대한 찬반을 묻는 것은 공론화

---

3   「사용후핵연료관리 공론화 TF 보고서」, 2008.

의 대상으로 부적합했다. 오히려 우리나라가 직면한 전력 생산과 소비 과정의 문제점을 설명하고, 이를 전력 수급 분야에서 발전 설비 구성의 최종 지향점과 이를 실현하기 위해 현재 발전 설비 구성이 적합한지, 변화가 필요하다면 어떤 준비를 통해 어떻게 변화할 것인지에 대한 질문을 공론의 장에 부쳐야 했다. 그리고 그 해법에 근거해 정부가 책임지고 신고리 5·6호기 공사 여부를 결정해야 했다. 그러나 이번 공론화 과정은 신고리 5·6호기 건설 여부를 묻는 것에 매몰되다 보니, 실제 우리 사회가 직면한 전력 생산과 수급 과정에서 발생하는 다양한 문제점을 제대로 짚어내지 못했다. 이번 공론화 과정을 통해 기존 국가 에너지 정책 수립 과정의 폐쇄성을 성찰하고 어떻게 시민들의 의견을 반영할 것인지가 다뤄지지 못한 점, 불필요한 전력 소비와 에너지원의 비효율적 선택을 부추겨 온 에너지 가격 체계를 성찰하지 못한 점, 에너지 사용으로 발생하는 악영향에 대한 현 세대의 책임성을 성찰하지 못한 점, 우리 사회가 위험을 어떻게 바라보고, 수용할 것인지를 성찰하지 못한 점은 큰 아쉬움으로 남는다.

앞으로 우리 사회가 무언가를 공론의 장에 부친다면, 그 의제는 양자를 택일하는 것이 아니어야 한다. 우리가 직면한 문제를 정확히 정의할 수 있는 질문에서 출발하여, 그 질문을 통해 우리 사회가 직면한 문제를 국민들이 공감하며, 공감대를 바탕으로 더 나은 해법을 찾아가는 과정으로 공론의 장이 설계되어야 한다.

공정성을 담보했는가

공론화가 성공하기 위해서는 공론화를 운영하면서 한쪽으로 기울어짐 없이 공정한 자세를 유지하는 것이 매우 중요하다. 이번 공론화위원회는 큰 잡음 없이 운영된 것으로 보인다. 그러나 중요한 지점이 간과되었다. 공론화 과정에서 서로 다른 생각을 가진 양측이 적용받는 경기 규칙 이전에 서로가 다른 출발선에 서 있다는 사실, 이 출발선을 같은 선상으로 맞추는 과정에 대한 충분한 고려가 되지 않았다.

이것은 신고리 5·6호기 공론화에만 국한되지 않는다. 공론화 과정은 기존 사회 시스템이나 운영 방식, 가치 체계 등에서 벗어난 새로운 사회 시스템, 운영 방식, 가치 체계 등을 도입하는 과정에서, 대립하는 두 그룹의 갈등을 증폭시켜 폭력적 상황을 만들기보다 갈등을 창조의 에너지로 전환시키기 위한 장으로 설계된다. 따라서 주류와 비주류라는 힘의 불균형이 이미 존재하는 상황에서 서로 다른 출발선에 서 있는 두 그룹을 어떻게 같은 출발선에 세울 것인지를 충분히 고려하여 공론화 과정을 설계해야 한다. 그런데 이번 공론화 과정에서 공론화위원회는 출발선을 맞추기 위한 노력을 거의 진행하지 못했다. 신고리 5·6호기 공사 중단 여부를 시민들에게 묻겠다는 발표 이후 연일 쏟아져 나오는 기사들의 대다수가 탈원전 정책에 대해 부정적으로 다루는 기사들이었고, 이 기사들은 그동안 한국수력원자력과 원자력문화재단이 언론에 쏟아 부은 홍보비의 영향이었음을 뻔히 알면서

(위) 신고리 5 · 6호기 공론화 시민대표참여단 종합토론회. ⓒ녹색연합
(아래) 내가 신고리 5 · 6호기 건설 중단을 원하는 이유. ⓒ녹색연합

도, 공론화위원회가 상황에 대해 수수방관했다는 점은 이후 또 다른 공론화 과정에서는 수정되어야 할 사항이다.

하나 더 강조하고 싶은 아쉬움은, 짧은 시간에 공론화를 마쳐야 한다는 제약 조건을 십분 이해한다 하더라도, 공론화위원회가 중립성을 교조적으로 적용하다 보니, 상호 신뢰성을 높이는 방향으로 공론화가 진행되지 못한 점이다. 공론화를 거치는 과정에서 서로에 대한 신뢰도에 변화가 없거나 오히려 훼손된 점은 공론화위원회로서는 뼈아픈 지점이 아닐 수 없다. 이 점에 관해서는 공론화위원회가 회고의 과정을 통해 어떻게 하면 이후 이뤄지는 공론화 과정이 갈등의 상대방을 존중하며 신뢰 관계를 높여 갈 것인지에 대한 나름의 해답을 내오길 기대한다.

가습기 살균제 참사를 거치며
우리 사회의 화학물질 안전관리제도가
조금씩 발전하고 있지만
체감하는 화학물질 안전 수준은
오히려 퇴보되고 있다.
부분적인 개선은 미봉책이 될 수 있다.
달걀과 생리대 사태는
화학물질 관리 체계의
패러다임을 전환하는 기회가 되어야 한다.

2

살충제 달걀에서 발암물질 생리대까지

케모포비아 현상에서 무엇을 배울 것인가

최경호 서울대학교 보건대학원 환경보건학과 교수

지난 여름부터 한국 사회를 뜨겁게 달구었던 달걀과 생리
대의 유해물질 오염 사태는 기시감을 불러온다. 가습기 살균제
로 인한 사회적 충격파가 가시기도 전에 비슷한 문제가 반복해
서 우리를 또 한 번 경악케 했다. 가정과 식탁, 우리 생활의 가장
친숙한 곳에서 마주치는 화학물질의 위협, 정부의 미숙한 대응
과 근시안적 문제 봉합 행태가 또 한 번 드러났다.

가습기 살균제 참사의 사회적인 충격은 사람들로 하여금
자구책 마련에 나서게 했다. 가습기 살균제와 탈취제 등 생활화
학제품에 독성물질이 들어 있다는 보도가 이어지면서 샴푸나 세
제 같은 제품을 직접 만들어 쓰는 사람들, 이른바 '노케미'족이
나타났다. 이해할 수는 있지만 선뜻 동의할 수 없는 선택이다. 필
요한 제품을 '자가생산'하는 과정에서 더 나쁜 조합을 만들 수도
있기 때문이다. 2017년 하반기 우리 사회를 휩쓴 '케모포비아(화

그린 챌린지: 한국환경보고서 2018

학물질 공포증)' 현상은 더 심각한 상황을 드러낸다. 우리 사회의 화학물질 관리 시스템이 실패했으며 국민의 신뢰를 잃었다는 뜻이다. '공포'는 피할 수 없는 궁지에 내몰렸을 때 생겨나는 감정이다. 달걀과 생리대가 없는 삶을 상상할 수 있는가. 안방, 식탁 등 우리의 평범한 일상조차도 유해화학물질의 악영향에서 벗어날 수 없다는 자각이 '공포'로 자란 것이다. 어쩌다가 우리가 여기까지 왔을까? 우리 생활 깊숙하게 자리한 화학물질의 공포. 해결할 수 없는 문제일까?

우리를 당혹시킨 구멍 난 화학물질 안전망

2017년 달걀과 생리대 사태를 찬찬히 되짚어보자. 그해 7월, 벨기에 등 유럽연합에서 살충제 피프로닐이 달걀에서 검출되었다는 기사가 국제면을 장식했다. 그때까지만 해도 '강 건너 불'로 여기던 우리 정부가 국내에서 유통되는 달걀에서도 '과량'의 살충제가 검출되었다는 사실을 알게 된 것은 8월 중순이다. 정부는 신속하게 사흘 동안 달걀의 유통을 전격 금지시켰고 조사를 통해 안전성을 확인하겠다고 발표했다. 정부의 초기 대처는 사뭇 신선했다. 그러나 실상은 달걀 판매 금지의 충격과 이외에는 특별히 변한 게 없었다. '전수조사'를 해서 안전성을 철저히 확인하겠다고 했지만, 정작 문제가 된 피프로닐조차도 제대로 분석하지 못하고 일부 성분만 발표하는 실수를 범했다. 불안한 시민

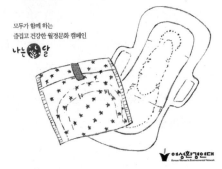

일회용 생리대는 광고처럼 깨끗할까요? ⓒ여성환경연대

들은 친환경 유기농 달걀을 찾았지만, 얼마 가지 않아 유기농 달
걀에서 오래전부터 사용이 금지된 맹독성 살충제인 DDT가 검
출되었다는 걸 알게 되었다. DDT는 닭고기에서도 검출되었다.
"도대체 뭘 먹으라는 말이냐!"는 원망이 나오지 않는다면 이상
한 일이다.

　'독성' 생리대 논란은 한층 심각한 두려움을 던져주었다. 생
리대는 여성이 수십 년 동안 사용해야 하는, 대체제가 거의 없는
필수품이다. 이런 생리대에서 휘발성유기화합물, 프탈레이트, 다
이옥신, 농약 등 여러 독성물질이 검출되었다는 사실은 여성들
에게 큰 충격을 주었다. 이 가운데는 발암물질과 생식독성물질
도 있다. 일회용 생리대 사용으로 인한 건강 피해를 호소하는 사

그린 챌린지: 한국환경보고서 2018

람들이 온라인 커뮤니티와 집단 소송 사이트에 줄을 이었다. 만약 생리대가 위험하다면 기저귀는 안전할까 걱정하는 것도 당연하다. 그럼에도 생리대와 기저귀에 대한 우리 정부의 안전관리 항목은 턱없이 미흡했다. "도대체 누굴 믿고 뭘 쓰라는 거냐!"는 절망스러운 탄식이 나오지 않을 수 없다.

국민의 두려움은 상식적인 것이다. 평범한 일상생활에서도 유해화학물질을 피할 수 없으며, 이로 인해 생명과 건강이 위협받을 수도 있겠다는 두려움. 정부와 사회 안전망에는 의지할 수 없다는 당혹스러움. 이것이 바로 케모포비아로 표출된 집단 정서의 배경이다. 케모포비아가 꼭 부정적인 것만은 아니다. 근거가 있는 공포라면 바람직하며 오히려 사회 시스템을 개선하고 변화를 이끌어 오는 추진 동력이 된다.

하지만 시간이 지나도 화학물질 문제가 반복하여 출현하는 것은 무엇 때문일까. 엄청난 비용을 치르고도, 배우고 변화시킨 것이 없었기 때문이다. 가습기 살균제 사태를 떠올려보자. 금세기 최악의 생활환경 화학물질 참사로 기록될 역사적인 이 사건에서 우리는 무엇을 배웠는가. 지리하게 끌어왔던 화학물질 등록 및 평가에 관한 법률('화평법')이 제정되었고, 생활화학제품과 살생물제에 대한 특별한 제도가 만들어진 건 소득이라 할 수 있다. 하지만 이런 노력만으로 생활환경 화학물질이 안전하게 관리될 것이라고 보는 사람들은 많지 않다. 예외 사례와 허점이 벌써 많이 드러나고 있다.

사건의 연원을 따라가다 보면 줄기에 매달린 고구마처럼

사회 각 영역의 해묵은 문제들이 연이어 드러난다. 살충제 달걀 사태의 근원에는 공장형 밀집 축산 시스템과 잔류성 유기 오염 물질 관리의 한계가 있다. 가습기 살균제 사건은 기존의 화학물질 안전관리 체계의 심각한 흠결 때문에 발생한 것이며, 생리대 사태도 같은 맥락의 주의를 환기시키는 경고이다. 본질적인 문제의 근원을 단번에 도려내어 해결할 수 있다면 좋겠지만 어떤 작업은 우리 사회의 근간과 맞닿아 있어 변화를 꾀하기가 쉽지 않다.

먼저 짚고 넘어갈 사실이 있다. 우리는 화학물질을 피할 수 없으며 완벽히 안전한 화학물질은 찾기 어렵다는 점이다. 수만 가지 화학물질이 유통되고 있고, 이들 중 많은 물질이 이미 우리 몸에서 검출되고 있다. 우리 몸은 화학물질이 보관된 저장고이거나 거쳐 가는 정류장인 셈이다. 몸 안에 들어온 화학물질들은 어떤 식으로든 인체에 영향을 일으킬 수 있다. '어떤 물질도 독이 될 수 있다.' 독성학의 아버지라 불리는 파라셀서스가 수백 년 전에 한 말이다. 우리 몸에 조금 덜 노출되도록 노력하고 화학물질을 조금 덜 위험하게 만들기 위해 노력할 수 있을 뿐이다.

정부든 기업이든 어느 누구도 화학물질의 안전을 절대적으로 보장할 수는 없다. 좀 더 안전하게 만들기 위해 노력할 뿐이다. 정부나 기업이 무능력해서가 아니다. 너무나 어려운 과제라서 그렇다. 인류가 화학물질을 본격적으로 사용하기 시작한 것은 100년도 되지 않았다. 극도로 다양한 화학물질을 엄청나게 많이 사용하기 시작한 것은 겨우 20~30년밖에 되지 않았다. 인류는 화학물질 사용량과 종류에서 역대급 팽창을 경험하고 있다.

그림 챌린지: 한국환경보고서 2018

우리 과학기술과 관리 체계는 그 속도를 따라잡지 못한다. 화학물질의 복잡한 노출과 독성 작용을 해석할 지식도 경험도 전망도 가지고 있지 않다. 화학물질에 절대 안전을 보장하기 어려운 이유다.

화학물질로부터 조금 더 안전한 사회를 만들려면?

부처별로 분절된 안전관리가 문제. 독립적 기관이 규제를 담당해야

그동안 발생한 굵직한 화학물질 안전사고는 대부분 관리의 사각지대에서 나타났음에 주목해야 한다. 화학물질을 제품이나 매체에 따라 부처별로 나누어 안전을 관리하다 보면 빈 구멍이 생기기가 쉽다. 농장에 있는지 시장에 있는지에 따라 달걀의 관리 부처가 농식품부가 되기도 하고 식약처가 되기도 한다. 기저귀와 성인용 기저귀는 생리대와 제형이나 용도가 거의 동일한 개인 위생용품이지만 소관 부처가 제각각이다. 설사 소관 부처가 다르더라도 안전관리 규정이나 기준은 동일해야 하는데 실상은 그렇치 않은 경우가 많다. 어떤 제품은 관리 부처를 찾지 못하고 공중에 뜨기도 한다. 가습기 살균제가 그랬다. 관리의 사각지대 발생 가능성을 차단하기 위해 지난 2016년 11월, 생활화학제품 안전관리 대책을 확정하여 발표했다. 하지만 여전히 부처별 전문성을 고려한다는 이유를 들어 제품의 안전관리 역할을 식약처, 환경부, 산업부로 나누었다. 왠지 찜찜한 느낌을 지울 수 없다. 안전은 규제를 통해 관리되기 마련이다. 산업의 진흥을 주요

4부 이슈: 2017년 10대 환경 뉴스

임무로 하는 부처에서 규제까지 함께 담당한다면 규제가 효과적으로 추진될 수 있을까. 수자원공사에서 먹는 물 위해성을 감시하고 한국수력원자력에서 원자력 안전성을 감시하는 것이 적절할까? 화학물질의 안전성 평가 같은 규제를 위한 기능은 다른 기관에서 독립적으로 수행하고 감시하도록 하는 것이 바람직하다. 유럽의 화학물질청(ECHA) 같은 기관이 좋은 선례이다.

위해성평가에 대한 맹신과 오용이 문제

위해성평가는 '알고 있는 물질의 알고 있는 독성 영향'에 근거하여 화학물질의 위해성을 '추정'하고 규제를 위해 활용하는 것이다. 새로운 화학물질이나, 조사가 덜 된 독성 영향에 대해서는 판단을 내릴 수 없다. 우리나라 화학제품의 안전관리 체계는 위해성평가에 지나치게 의존해 온 감이 든다. 생리대 사태는 이를 극명하게 보여준다. 생리대 사태는 피해를 직접 몸으로 경험한 사람들이 나서서 사회적으로 의제화한 것이다. 이 문제에 대처한 정부의 접근법은 매우 당황스러웠다. 한 대학연구실에서 검출한 유해화학물질을 식약처에서 "다시 '정밀' 분석해 보니 그 위해성이 미미해서 문제가 없다"고 발표한 것이다. 물론 '조사' 대상 물질에 국한해서'라는 단서를 붙여 '안전'하다고 했지만 디테일에는 아무도 관심을 보이지 않았다. '생리대가 안전하다'라는 메시지만 전달되었다. 실제 '피해자'라고 증언하는 사람들이 있음에도 불구하고 정부가 나서서 이들을 애써 외면하며 '안전하여 문제가 없다'고 하는 황당한 상황이 되어버렸다. 오죽했으

그린 챌린지: 한국환경보고서 2018

면 여성들이 "내 몸이 증거다, 나를 조사하라"며 항의시위를 했 겠는가. 이는 화학물질 안전관리의 대표적인 '무개념' 사례로 역 사에 기록될 것이다. 배가 아파 병원에 온 사람에게 "맥박이 정 상이니 당신은 아플 리가 없다"며 집에 돌려보내는 것과 뭐가 다 른가. 제대로 된 의사라면, 복통의 원인을 찾기 위한 조사와 진단 을 거쳐 복통을 치료하기 위한 제대로 된 처방을 내야 할 것이다. 2017년의 생리대 사태는 우리나라 화학물질 안전관리에서 위해 성평가가 얼마나 터무니없이 맹신되고 오용되고 있는지를 적나 라하게 보여주었다.

화학물질에 대한 투명한 정보 제공과 소통 필요

너무 전문적이어서 이해하기 어려운 유해 요인에 대해서는 불 안감도 더 크기 마련이다. 화학물질이 그렇다. 이럴수록 정확하 고 투명한 소통이 중요하다. 화학물질 안전망에 대한 불신은 안 전정보 소통의 결함으로 증폭된다. '살충제 달걀' 사건의 파장이 커진 이유는 정부의 위해 소통 실패가 정부의 위기관리 능력에 대한 불신을 더 키웠기 때문이다. 식약처는 달걀이 안전하다는 위해성평가 결과를 반복해서 발표했지만 그 메시지는 제대로 전 달될 수 없었다. 국민이 받아들일 수 없는 내용과 형식이었기 때 문이다. 학회 등 전문가 집단의 반박도 이어졌다. 생리대 사태에 대해서도 정부의 소통 방식은 나아지지 않았다. 또다시 위해성 평가 결과만을 들이대며 안전함을 강조했다. 피해자가 이미 나 타나서 피해를 호소하고 있는데, "위해성평가 결과가 안전하게

내 몸이 증거다. ⓒ여성환경연대

그린 챌린지: 한국환경보고서 2018

나왔으니 걱정하지 말라"는 메시지를 누가 신뢰하겠는가.

화학물질로부터 좀 더 안전한 사회를 만들기 위한 우리의 노력

한 명에 불과한 개인이지만 우리도 할 수 있는 노력이 있다. 정부와 사회가 책임지지 못하는 부분을 어느 정도는 해결할 수 있다. 화학제품 사용을 줄이고 올바른 사용 습관을 갖는 것이다. 어렵지 않다. 첫째, 반드시 써야 하는 제품인지 반문해 보고, 꼭 써야 하는 제품이라면 꼭 필요한 만큼만 쓰는 것이다. 습관적으로 불필요하게 많은 양을 쓰지 않도록 주의해야 한다. 둘째, '절대 안전', '무해'를 강조하는 화학제품은 구입하지 말자. 거짓일 가능성이 매우 크기 때문이다. 성분 정보가 없거나 부실하게 제공하는 제품도 피하는 게 좋다. 셋째, 화학제품 사용에 대한 올바른 생활 습관을 갖도록 노력하자. 가정에서 좋은 습관을 아이에게 가르쳐서 평생의 습관으로 자리잡게 할 수 있다면 좋을 것이다. 이런 노력은 개인의 화학물질 노출을 줄이는 데도 도움이 되겠지만 나아가 우리 사회의 화학물질 의존도와 피해를 줄이는 데도 도움이 될 것이다.

2017년 우리 사회가 경험한 달걀과 생리대 사태는, 구멍 난 화학물질 안전망에 대한 자각이었고 화학물질 위기관리 능력의 부재에 대한 놀라움이었다. 국민의 안전에 책임이 있는 정부와 기업은 미숙한 대응 또는 법적 다툼을 이어가며 상황을 벗어나는 데에만 급급한 모습을 보였다. 가습기 살균제 참사를 거치며 우리 사회의 화학물질 안전관리 제도가 조금씩 발전하고 있지만 체감하는 화학물질 안전 수준은 오히려 퇴보되는 것처럼 느껴진다. 부분적인 개선으로는 부족하다. 달걀과 생리대 사태는 화학물질 관리 체계의 패러다임 전환의 기회가 되어야 한다. 케모포비아 현상이 우리에게 던진 과제다. 2018년 1월 식약처, 보건복지부, 해양수산부, 농식품부, 환경부 등 다섯 개 부처는 함께 힘을 합쳐 국민 건강을 중심에 둔 화학물질 안전망을 구축하겠다고 발표했다. 이러한 노력이 부처 간의 벽을 넘어 화학물질 안전과 국민 건강이라는 우리 사회의 과제를 달성하기 위한 의미 있는 첫걸음이 되기를 기대한다.

우리 모두 맑은 하늘을 되찾기 위해
해야 하는 것이 무엇인지 잘 알고 있다.
지름길도 편법도 왕도도 없다.
미세먼지를 발생시키는 원인들을
멈추게 하고
그를 대신할 것을 찾으면 된다.
유럽의 여러 도시들과
이웃한 일본의 사례에서
우리가 무엇을 해야 하는지
배울 수 있다.

3

맑은 하늘은
규제를 통해서 온다
미세먼지 관리
종합 대책에 대한
우려

배보람 녹색연합 활동가

그림 챌린지: 한국환경보고서 2018

　　지난 1월 14일, 수도권 지역에 새해 첫 '미세먼지 비상조치'가 발령되었다. 이 날 일평균 초미세먼지 PM2.5 농도는 서울 57 $\mu g/m^3$, 인천 54$\mu g/m^3$, 경기 67$\mu g/m^3$로 모두 '나쁨'(51~100$\mu g/m^3$) 수준에 해당되었으며 다음날도 미세먼지 나쁨으로 예보됨에 따라 내려진 조치이다. '미세먼지 비상조치'가 발령됨에 따라 서울시 대중교통을 무료로 이용할 수 있게 하여 승용차 이용을 자제하도록 유도하고, 공공기관에서는 차량 2부제 등을 추진하였다.

　　미세먼지 나쁨 주의보와 경보가 연일 울려도 마스크 착용과 외출 자제 외에는 이렇다 할 정책이 없다는 비판이 수년간 반복되어 왔던 것을 기억하면 '미세먼지 비상조치'는 대단한 발전으로 보일 지경이다. 하지만 한국은 이미 오래전부터 미세먼지 비상 사태 상황이었다. 더러워진 공기에 둘러싸여 살고 있는 시민들의 건강 역시 비상 사태이다.

환경부에 따르면 지난 2016년 전국의 초미세먼지 농도가 '나쁨' 단계를 초과한 일수는 258일에 달했다. 한국의 대기질 관리 기준이 WHO(세계보건기구)보다 2배 이상 느슨하다는 것을 전제하면, 한국 대기질 상태는 극도로 오염된 상태라 해도 무리가 아니다.

실제로 한국환경정책평가연구원(KEI)이 지난해 발표한 보고서에 따르면 사실상 한국에 살고 있는 모든 사람들이 '대기오염 환경 기준치 초과 지역에 거주하는 인구'인 미세먼지 노출위험인구이다. WHO 권고 기준인 PM10 연평균 $20\mu g/m^3$을 적용하여 노출위험인구를 상정하면 한국 인구 100%가 이에 해당한다. 하지만 PM10에 대해 국내 기준 $50\mu g/m^3$을 적용할 경우 노출위험인구는 2015년 기준 전체 인구의 34%대로 떨어진다. PM2.5의 경우, WHO 기준 $10\mu g/m^3$을 적용하면 서울 시민 전체 역시 노출위험인구이다.[1]

미세먼지가 보통 수준이라고 해도 시민들이 불안한 이유가 바로 이 지점에 있다. 한국 미세먼지의 심각성, 특히 보건의 측면에서 주민들의 건강 피해에 대한 경고는 지난 2016년 OECD(경제협력개발기구)가 다시 한 번 짚었다. OECD는 한국 정부가 대기오염에 대한 정책적 개입 없이 지금 상태를 유지하면 2060년에 OECD 회원국 중 100만 명당 조기 사망자가 1,000명이 넘는 유일한 국가가 될 것이라고 지적했다. 세계 최고 수준의 대기오염 국가, 이것이야말로 지금 한국을 설명하는 가장 상징적인 단어이다.

---

1   한국환경정책평가연구원, 「미세먼지의 노출위험인구 산정」, 2017, 6쪽.

사태가 이러하니, 정부의 정책 목표도 예년과 같을 수 없다. 정부는 지난 2017년 9월 '미세먼지 관리 종합대책'을 발표하며 2022년까지 국내 대기오염 배출량을 30% 이상 감축하고, 미세먼지 '나쁨'($50\mu g/m^3$) 일수를 70% 줄이겠다고 선언했다. 이 목표는 2016년 6월에 발표된 미세먼지 감축 목표보다 2배 높게 설정된 것이다.

정부는 미세먼지 관리 종합 대책을 발표하며, "미세먼지 저감을 국민의 생존권이 달린 문제이자 민생안전과 국민안전을 위한 최우선 과제로 설정하고 핵심 배출원에 대한 특단의 감축 조치를 시행한다"고 말했다. 목표와 포부만 놓고 보자면, 지금의 주의보는 곧 지나갈 일처럼 느껴진다.

배출 기준은 강화하지만 발전량은 늘리는 모순

문재인 대통령은 취임 직후 에너지 사용량이 적은 전력 비수기에 발전 설비량에 비해 대기오염 물질 배출 비율이 높은 노후 석탄화력발전소를 일시 가동 중지하겠다고 발표했고, 2017년 6월한 달 동안 보령화력 2기를 비롯한 서천 1, 2호기 등 총 8기의 발전소가 가동 중단되었다.

환경부와 산업통상자원부는 한 달간의 석탄화력발전소 일시 중단 결과, 충남 지역을 중심으로 미세먼지 농도를 개선하는 효과가 있었다고 밝혔다. 충남 지역 40개 지점에서 미세먼지 농

그림 챌린지: 한국환경보고서 2018

196

도를 실측했는데, 가동 중단 기간의 미세먼지 농도가 2015년 6월 평균치와 2016년 6월 평균치에 비해 15.4%인 $4\mu g/m^3$이 감소 ($26 \rightarrow 22\mu g/m^3$)한 것이다. 봄철에 비해 6월은 중국발 미세먼지의 영향이 감소하는 기간이라는 점에서, 15.4%의 미세먼지 감소는 적어도 충남 지역에 있어서는 획기적인 변화다. 환경부가 밝힌 것처럼 기후 조건도 예년과 비슷했기 때문에 노후 석탄화력발전소 중단이 대기질 개선에 영향을 미쳤다는 것을 다시 확인시켜 주었다.

[표1] **부문별 오염물질 배출량(2014년)**
  * 비산먼지, 생물성 연소 및 식생 제외. 출처: 국립환경과학원

(단위: 톤)

배출원 대분류	CO	NOx	SOx	TSP	PM10	PM2.5	VOC	NH3
에너지 산업 연소	57,856	162,818	94,562	4,733	4,508	3,679	7,697	1,425
비산업 연소	76,594	81,143	24,668	1,908	1,629	1,045	2,558	1,280
제조업 연소	18,716	173,660	82,982	102,738	59,975	30,322	3,280	717
생산 공정	25,855	53,311	98,927	12,167	6,407	4,903	180,351	38,043
에너지 수송 및 저장							27,645	
유기 용제 사용							549,318	
도로 이동 오염원	281,225	361,230	183	10,019	10,019	9,218	49,468	10,113
비도로 이동 오염원	126,103	291,171	39,991	14,865	14,861	13,671	36,873	116
폐기물 처리	1,645	12,257	1,846	335	247	204	48,061	23
농업								227,953
기타 면오염원	6,459	153		428	272	245	551	12,832
합계	594,454	1,135,743	343,161	147,194	97,918	63,286	905,803	292,501

수도권

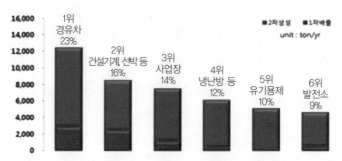

* (수도권 기타배출원) 비산먼지 8%, 생물성연소 4%, 휘발유차 등 4%

전국

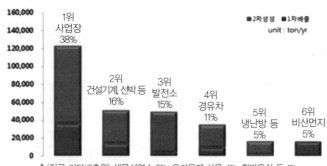

* (전국 기타배출원) 생물성연소 5%, 유기용제 사용 4%, 휘발유차 등 1%

미세먼지 기여율. 출처: 환경부, 2017 미세먼지 관리 종합 대책

그린 챌린지: 한국환경보고서 2018

지난해 정부는 미세먼지 관리 종합 대책의 일환으로 석탄화력발전소 및 미세먼지 다량 배출 사업에 대한 배출 허용 기준을 강화했다. 먼지의 경우 m^3당 종전 $20{\sim}25mg$에서 $10{\sim}12mg/m^3$로 규제가 배로 강화되고, 황산화물은 $80{\sim}100$ppm에서 $50{\sim}60$ppm, 질소산화물은 $70{\sim}140$ppm에서 $50{\sim}70$ppm으로 기준을 높였다. 배출 허용 기준 강화에 따라 운영 중인 총 61기의 석탄화력발전소 중 폐쇄 예정인 30년 이상 노후 석탄발전소 7기와 이미 최대 수준의 규제를 받고 있는 영흥화력발전소 등 5기를 제외한 39기가 강화된 관리 기준의 대상이 된다.

[표 2] 석탄화력발전소 대기오염 물질 배출 기준 강화 내용
    * 출처: 환경부

구분		먼지(μg/S m^3)		SOx(ppm)		NOx(ppm)	
		'01.7 이후	'01.6 이전	'96.7 이후	'96.6 이전	'96.7 이후	'96.6 이전
배출 허용 기준	현행	20	25	80	100	70	140
	강화(안)	10	12	50	60	50	70

얼핏 보면 정부의 석탄화력발전소 대기오염물질 배출 기준 강화가 미세먼지 해결에 많은 효과를 불러올 것 같다. 미세먼지 농도를 강화하여 오염물질 배출을 관리하는 것이 대기질 개선에 영향을 미치겠지만, 문제는 그 줄어든 양 못지않게 신규 석탄화

력발전소를 건설할 계획을 가지고 있다는 점이다. 그러니까 농도는 옅어지지만 석탄화력발전소에서 배출되는 미세먼지의 총량은 증가할 상황에 놓인 것이다.

정부가 지난 12월 국회에 보고한 제8차 전력수급기본계획에 따르면 2030년까지 석탄발전의 설비용량은 2017년 36.8GW보다 증가한 39.9GW 규모이다. 미세먼지 저감 종합 대책처럼 노후 석탄발전소 7기(2.8GW)가 폐쇄되고, 계획 중인 6기의 석탄발전이 LNG로 전환되어 성과가 있는 것처럼 보인다. 그러나 석탄화력발전의 총량은 지금보다 7.3GW가 증가한다. 농도가 옅은 미세먼지가 더 많이 배출되는 꼴이 된 것이다. 이번 8차 전력수급기본계획은 연일 시민들의 건강을 흔드는 미세먼지와 매년 뜨거워지는 폭염으로 증명되는 기후변화에 대한 정부의 개선의 의지가 어느 수준인지를 잘 말해 준다.

경유차 수요 관리 정책, 시민들을 설득해야 한다

수도권과 대도시 미세먼지 기여율 부동의 1위를 차지하고 있는 경유차는 미세먼지를 줄이기 위해서 피할 수 없는 핵심 문제이다. 정부의 '미세먼지 관리 종합 대책'에서도 자동차에 대한 대책을 다루는 수송 분야 미세먼지 저감 방안은 늘 논란의 대상이 되었다. 이번 정부의 수송 분야 미세먼지 저감 대책이 어떠하고 무엇이 문제로 지적되었는지를 말하기 전에 해외 사례를 먼저 언급하고자 한다.

프랑스 파리시는 2025년 이후로 경유차가 파리 시내에 들어오는 것을 금지한다. 독일의 경우는 2030년 이후 내연기관 자동차의 판매 금지를 결정했다. 이어 영국, 노르웨이, 인도까지 시기의 차이는 있지만 독일이나 프랑스와 같은 정책 결정을 선언하고 있다. 경유차와 휘발유차는 유럽에서만큼은 곧 역사의 뒤안길로 사라질 운명에 처한 것이다.

한국보다 더 강력한 환경 기준을 가지고 있던 나라의 도시들이 내연기관 자동차 '전면 금지'라는 초강수 정책을 내놓게 된 이유는 짐작하는 것처럼 대기오염을 줄이고 맑은 하늘을 시민들이 누릴 수 있도록 하기 위해서다. 유럽의 도시들에서 오래전부터 경유 차량의 판매가 줄고 전기차와 같은 저공해차의 점유율이 우리보다 더 높았던 것은 아니다. 파리가 경유차 진입 금지라는 정책을 결정한 시기는 2014년인데, 그 전년도인 2013년도 당시 유럽의 신규 디젤 승용차의 평균 점유율은 53%, 프랑스는 67%에 달했다. 정책 결정을 통해 자동차 산업을 저공해 산업으로 적극적으로 견인하는 점이 우리나라와 다를 뿐이다.

2017년 11월 기준 국내 경유차 등록 대수는 약 960만 대, 휘발유 차량은 1,000만 대가 넘는다. 정부는 이번 미세먼지 종합 대책을 통해 노후 경유차 폐차율을 연평균 8만 대에서 16만 대로 높이고, 총 221만 대 조기 폐차를 계획하고 있다. 그러나 조기 폐차, 특단의 조처라는 말이 낯간지러운 이유는 폐차의 대상이 되는 차는 2005년 이전에 생산된 유로 3에 해당하는 차들이

기 때문이다. 유럽연합 배출가스 기준 유로3에 해당하는 차는 현재 판매되는 최신 경유차들(유로 6)보다 8배의 미세먼지를 배출한다.

한국의 자동차 등록 대수는 이미 지난 2014년 2000만 대를 넘어섰고, 지난해 11월 기준 약 2,250만 대까지 증가했다. 자동차 정책을 통해 경유차를 퇴출하고 전기차와 같은 저공해차 수요를 이끌어내 경유차의 대안으로 기능하기 위해서는 유럽과 같이 내연기관 자동차를 퇴출하겠다는 강력한 정책적 의지가 표현되어야 한다. 무엇보다도 이 과정에서 필요한 것은 시민들의 불편과 요구를 수용하는 것이 아니라, 시민들을 적극적으로 설득하는 정책적 노력이다.

최근 인하대 직업환경의학과 임종한 교수팀은 집에서 반경 200미터 이내에 위치한 도로의 총 길이가 500미터 이상인 곳에서 거주하는 아이들은 모세 기관지염에 걸릴 위험이 그렇지 않은 아이들에 비해 1.6배 높다는 분석을 내놓았다. 자동차 대기오염이 심한 상황에서 모세 기관지염에 걸린 아이들은 새롭게 천식 진단을 받을 위험도 역시 2.7배 높았다. 경유차에서 발생하는 BC(Black carbon)는 WHO에 의해 1급 발암물질로 지정되어 있다. 건강의 문제는 도시의 교통 정책 전반에 대한 근본적 성찰과 변화를 요구하고 있다.

미세먼지 측정망 확대, 초등학교 주변 설치가 필요한가

예보에서는 미세먼지 농도가 '보통'이라고 하는데, 창문을 열어 보면 희뿌연 하늘이 내려앉아 있는 것 같다. 아이가 있어 학교에 보내놓기라도 하면, 더 불안하다. 측정망은 너무 높은 곳에 위치해 있어서 정확한 농도를 확인하기 어렵다는데, 믿어도 될까 싶기도 하다.

지난 2017년 5월 문재인 대통령이 미세먼지 대책을 마련하겠다며 노후 석탄화력발전소를 임시 중단하고, 미세먼지 대책 기구 설치와 더불어 1만 1,000곳의 초중고에 간이측정기를 설치하겠다고 했다. 간이측정기 신뢰성 등에 대한 문제제기가 있자 지난해 9월 미세먼지 저감 종합 대책에서는 도시 대기 측정망 확충과 간이측정기 보급 시범사업으로 조정했다.

그런데 문제는 이런 방식이 미세먼지에 대한 정확한 정보를 수집하고 개선하는 데 구체적 도움을 주는 방식인가 하는 문제이다. 간이측정기의 경우 시범사업으로 정부가 한발 물러섰지만 모니터링에 대한 신뢰성 논란이 이어질 것이다. 환경부도 지난 2016년 보도자료를 통해 시민들이 이용하고 있는 실내 공기질 측정 기기나 공기청정기의 오염물질 측정 농도 수치를 신뢰하기 어렵다고 밝혔다. 측정치의 오차율이 높아 잘못된 정보를 소비자에게 제공하고 있다던 정부가 간이 측정기를 설치하겠다니 데이터를 신뢰할 수 있을지 벌써 걱정이 된다.

단순히 아이들이 있기 때문에 학교를 중심으로 도시 대기

맑은 하늘은 규제를 통해서 온다. 출처: 픽사베이

측정망을 설치한다는 것도 설득력이 떨어진다. 오염도가 높은 지역이나 교통 밀집 지역 등에 위치해 대기오염이 높을 것으로 예상되는 초등학교나 영유아 시설에 대한 개선 대책을 마련하기 위해 조사가 필요하다는 것은 납득이 되지만 학교 일반을 대기 질 측정소로 삼는 것은 한계가 있다. 게다가 실내 체육 시설 확충으로 야외 활동의 대안을 찾는 것 역시 석면이나 실내 공기질의 문제를 고려하면 사실 대안이라고 할 수 없다. 학부모들에게 미세먼지 대책을 하고 있다는 생색을 낼 수는 있지만, 학교 일반에 대한 측정소 확충은 시급하지도 적절하지도 않다. 자동차, 발전소, 공장 등에서 직접 배출되는 미세먼지와 결합하여 2차 생성하게 하는 질소산화물, 황산화물, 휘발성유기화합물, 암모니아 같은 전구물질의 농도가 어느 정도며 원인이 무엇인지를 규명하는 조사가 필요하다.

사실 우리 모두 맑은 하늘을 되찾기 위해 해야 하는 것이 무엇인지 잘 알고 있다. 지름길도 편법도 왕도도 없다. 미세먼지를 발생시키는 원인들을 멈추게 하고 그를 대신할 것을 찾으면 된다. 유럽의 여러 도시들과 이웃한 일본의 사례에서 우리가 무엇을 해야 하는지 배울 수 있다. 환경 재앙 수준의 대기질 오염을 개선하기 위해서는 개인들의 자발적 노력과 선택으로 해결되지 않는다. 중앙정부와 지자체 차원의 정책과 제도를 통해 발전소를 전환하고 내연자동차의 환경오염 배출을 획기적으로 규제해야 한다. 맑은 하늘은 규제를 통해서 온다.

일회용 컵을 쓰지 않는다는 건
'즐거운 불편'이 될 수 있다.
물론 컵뿐만 아니라
일상에서 플라스틱을 덜 쓰는 노력 또한
잊지 말아야 할 것이다.
합성섬유로 된 옷을 세탁할 때 흘러나오는
미세 플라스틱,
습관적으로 사용하는 일회용 비닐봉투,
플라스틱 빨대와 칫솔을 대신해
천연 소재의 옷,
장볼 때 잊지 않고 챙겨가는 장바구니,
대나무 소재의 빨대와 칫솔 등
플라스틱을 대체하는 삶은 어떨까.

4

넘치는 일회용과 플라스틱, 얼마나 더 쌓을 것인가

조은지 여성환경연대 활동가

그림 챌린지 I 자: 한국환경보고서 2018

바쁜 듯 보이는 이가 버스에서 황급히 내렸다. 그는 내리자마자 손에 든 커피를 당연한 듯이 바로 앞 건물 벤치 위에 두고 사라졌다. 간편하고 신속한 동작이었다. 그렇게 버려진 일회용 플라스틱은 늘 오가는 버스정류장, 벤치, 지하철역, 쓰레기통 주변에 산재한다. 컵뿐만이 아니다. 시장에서 장을 본 비닐봉투, 음료수를 마신 페트병 등 일회용 플라스틱은 일상에서 늘 함께하고 있다. 우리가 사용하는 수많은 물건들이 플라스틱이라지만 도대체, 왜, 언제부터 우리는 '일회용' 플라스틱을 아무렇지 않게 사용하고 버리게 되었을까?

인류가 플라스틱을 소비하게 된 건 채 100년이 되지 않았다. 1907년 최초의 인공 플라스틱 '베이클라이트(Bakelite)'가 합성된 후 여러 종류의 플라스틱이 개발되었다. 1 · 2차 세계 대전을 거치며 플라스틱은 널리 확산되었다. 건축 자재, 가구, 옷 등 생활

(위) 길거리에 쌓인 일회용 컵. ⓒ여성환경연대
(아래) PP 소재로 만들어진 대만의 온음료 뚜껑(왼쪽)과 PS 소재로 만들어진 한국의 온음료 뚜껑(오른쪽). ⓒ여성환경연대

용품 전반이 플라스틱으로 대체되기 시작하였다. 나무, 돌과 같은 재료에만 머물던 인류가 가볍고, 가공성이 높고, 저렴하기까지 한 플라스틱을 만나게 되었다. 때문에 더 많은 물건을 더 많은 사람들이 손쉽게 접하고 소비할 수 있게 되었다. 석기시대, 철기시대를 지나 바야흐로 '플라스틱 시대'를 맞았다고 해도 과언이 아니다.

플라스틱은 마침내 일회용품에도 손길을 뻗쳤다. 1950년대에만 해도 일회용품은 주로 종이, 금속이었다[1]고 한다. 그러나 플라스틱 개발이 박차를 가하면서 얇고 가볍고, 아주 잠시 동안 쓰고 버리는 플라스틱들이 탄생하였다. 이로써 더욱 폭발적으로 플라스틱 소비가 부추겨졌다. 슈퍼마켓의 무수히 많은 물건들이 모두 비닐로 싸였고, 비닐로 싸인 물건들이 다시 비닐봉투에 담겼다. 가정에서도 일회용 비닐은 필수품이 되었고 유리병에 담겨 있던 많은 음료들은 이제 페트병에 담기기 시작하였다.

편리함을 누린 만큼, 아니 그보다 더 큰 플라스틱의 후폭풍은 금세 몰려왔다. 애초에 사용 후 플라스틱에 대한 대책은 없었다. 플라스틱을 만든 이들은 뒷짐을 지고 더 많은 플라스틱이 소비되기만을 바랄 뿐이었다. 사용된 플라스틱은 사라지지 않는다. 유독물질이 되고, 쓰레기로 이리저리 굴러다니고 부서질 뿐

---

1 "그리고 8월 1일에 판매 부수 1200만에 그보다 훨씬 많은 독자를 보유한 《라이프》지에 기사 하나가 실렸다. 기사의 제목은 "쓰고 버리는 생활: 수십 종의 일회용 가정용품이 청소의 번거로움을 없애다"였다. (⋯⋯) 의미심장하게도 기사에서는 플라스틱이 전혀 언급되지 않았다. 날아가는 물건들은 종이나 금속 제품이다. 플라스틱은 여전히 특수 물질로서 아직은 일회용이라는 말과 동일시되기 전이었다."(122~123쪽), 찰스 무어 · 커샌드라 필립스, 『플라스틱 바다』, 바다출판사, 2013.

그린 챌린저 지음: 한국환경보고서 2018

이다. 다 쓰인 플라스틱은 그저 재활용 봉투로, 때로는 종량제 쓰레기봉투로 들어가 소각되고 매립되거나, 일부분만이 재활용될 뿐이다. 잠깐의 간편함을 위해 사용된 플라스틱은 아주 오랜 기간, 지금 이 순간과 앞으로 기약 없는 시간까지 소각되거나 땅에 묻힌 채 썩지 않고 계속해서 유독물질을 내뿜고 있다.

게다가 제대로 버려지지 않고 이리저리 굴러다니다 부서지는 플라스틱은 미세 플라스틱(Microplastics)으로 변모한다. 길이나 지름이 0.001mm~5mm 이하인 플라스틱을 일컫는 미세 플라스틱은 육안으로 확인하기도 어렵다. 특히 바다로 흘러간 미세 플라스틱은 영원히 썩지 않으며 스펀지처럼 유해물질을 흡수하며 떠다닌다. 플랑크톤은 미세 플라스틱을 먹이로 오인해 먹게 되고 물고기는 플랑크톤을 먹게 됨으로써 해양 생태계는 미세 플라스틱으로 연결된다. 여기에 물고기를 먹는 인간 또한 미세 플라스틱 생태계의 일원이 되는 것이다.

지난 10월 국정감사에서 김현권 더불어민주당 의원이 공개한 한국해양과학기술원의 연구에 따르면 경남 거제·진해 연안을 대상으로 한 조사에서 139개체의 해양생물 중 97%인 135개체에서 미세 플라스틱이 검출되었다. 한 개체에서만 61개의 미세 플라스틱이 검출되기도 하였고, 미세 플라스틱에 노출된 어류는 대조군에 비해 활동성이 떨어진다는 연구 결과까지 담겨 있다. 이미 2015년 한국해양과학기술원의 연구에서도 경남 거제 앞바다의 경우 $1m^2$당 미세 플라스틱 입자가 평균 21만 개로 싱가포르 해역의 100배에 달하는 것으로 나타났다.

마침내, 최근 수돗물에서조차 미세 플라스틱이 발견되었다는 소식이 들려오고야 말았다. 미국의 비영리 단체 '오브 미디어(OrbMedia.org)'에 따르면 세계 159개 지역 가운데 83%의 수돗물에서 미세 플라스틱이 검출되었다. 이를 계기로 환경부 역시 국내 수돗물 속 미세 플라스틱 함유 실태를 조사하였다. 국내 24개 정수장에서는 평균 1리터당 0.05개, 먹는 샘물과 가정 내 수도꼭지의 경우 1차 검사에서 미세 플라스틱이 일부 검출되었다. 외국의 검출 사례에 비해서는 미약하다고는 하나, 미세 플라스틱의 위해성이 제대로 검증되지 않은 만큼 미량의 미세 플라스틱에 대해서도 연구조사가 필요하다. 또한 향후 미세 플라스틱 관리·감독 체계에 대한 계획이 필요하다.

지난해 여성환경연대는 화장품 속 미세 플라스틱을 막기 위한 노력을 기울여 왔다. 미세 플라스틱이 그 자체로 제품에 사용되고 하수도로 흘러들어가는 것을 막는 매우 중요한 과제였다. 그러나 미세 플라스틱을 유발하는 가장 큰 원인은 플라스틱 그 자체이다. 거대하고 단단한 플라스틱일지라도 부서지고 부서져 무수히 많은 미세 플라스틱들로 생성되고 만다. 해양관리공단의 2015년 조사에 따르면 한국의 해양 쓰레기 중 플라스틱이 가장 많은 양을 차지하는 것으로 나타나는데, 이는 높은 미세 플라스틱 수치와 무관하지 않을 것이다.

한국의 플라스틱 소비량은 세계 최고 수준이다. 2006년 통계청 자료에 따르면 한국의 플라스틱 소비량은 1인당 98.2kg으로 미국(97.7kg), 일본(66.9kg), 영국(56.3kg) 등을 제치고 세계 1위를

그린 챌린지: 한국환경보고서 2018

차지하였다. 당연한 듯이 사용하는 일상 속의 일회용 플라스틱은 넘쳐흐른다. 장이라도 보면 손에 무수히 주렁주렁 달리는 비닐봉지, 번쩍거리는 비닐에 싸여 도열된 농수산물, 길거리에 무수히 쌓이는 일회용 컵까지.

규제의 사각지대에 놓인 일회용 플라스틱

올해 초 정부는 빈병 보증금을 인상하였다. 이를 통해 음료를 마신 후 버려지는 빈병에 대한 회수율과 반환율이 증가하였고 빈병 보증금 제도에 대한 홍보 효과를 높였다. 그러나 이는 일부 음료와 주류에 사용되는 유리병에 한정되는 제도로써, 유리에 비해 자원 재활용과 처리에 더 많은 비용과 과정이 소모되는 일회용 플라스틱은 포괄하지 못한다. 생산자책임재활용제도(EPR)를 통해 생산자에게 그 제품이나 포장재의 폐기물에 대한 재활용 의무를 부과하고 있으나, 포장재의 경우 영세 사업자는 의무대상자에 포함되지 않는다. 사실상 일회용 포장재에 대한 재활용 의무를 지는 생산자는 매우 한정적인 것이다. 또한 일회용품에 대한 몇몇 규제 역시 예외 적용 대상이 많으며, 그나마 있는 조항들도 지켜지지 않는 경우가 많아 사실상 일회용 플라스틱은 규제의 사각지대에 놓여 있다.

안타깝게도 일상 속 플라스틱 소비의 주범으로 꼽히는 일회용 컵 역시 제대로 된 규제 없이 무분별하게 사용되고 있다.

다만 '일회용품 사용 줄이기 자발적 협약(이하 자발적 협약)'을 통해 프랜차이즈 매장을 대상으로 다회용 컵 사용을 장려하고 일회용 컵 소비를 줄이도록 하고 있다. 그러나 자발적 협약은 말 그대로 기업의 '자발적' 참여에 그친다. 일회용 컵에 대한 소비 감소 목표치를 설정해 두고는 있으나 불성실한 이행에 대한 규제가 이뤄지지 못하며, 협약 자체를 체결하지 않더라도 어떠한 불이익은 없다. 이러다 보니 모든 프랜차이즈가 협약을 맺고 있는 것은 아니며 협약을 통한 뚜렷한 일회용 컵 사용 저감을 알기란 어렵다.

자발적 협약이 유명무실하다는 것은 여성환경연대 활동가들이 한 달 동안 여러 카페를 들락날락거리며 밝혀낸 실태조사에서도 알 수 있었다. 약간의 쑥스러움을 참고 당당히 "여기 머그컵 되나요?", "아이스를 유리컵에 먹어도 되나요?", "잠깐 일회용 컵 좀 볼 수 있을까요?", "텀블러 할인은 되나요?" 이것저것 점원에게 물어보며 조사를 해나갔다. 여차하면 쓰레기통을 뒤져가며 컵 소재를 알아내기도 하였다. 그 결과 24개 브랜드, 총 72개 매장에 대한 실태조사 결과를 종합할 수 있었다. 본인 소유의 다회용 컵에 대해 할인을 제공하는 브랜드는 24개 중 20개로 적지 않았다. 그러나 실제 다회용 컵 할인을 카운터에 알기 쉽게 안내해 놓은 매장은 전체 72개 매장 중 11개 매장(15.28%)에 그쳤다. 할인에 대해 점원이 잘 모르는 경우도 많았다.

또한 매장 내에서 음료를 마실 경우 온음료와 냉음료 모두에 대해 다회용 컵을 제공하는 매장은 33.33%에 그쳤다. 멀쩡히

그린 챌린지: 한국환경보고서 2018

비치된 머그컵이 보이는데도 매장이 혼잡하거나 점원의 편의에 따라 '제공하지 않는다.'고 말하는 매장도 더러 있었다. 사태가 이러하다 보니 테이크아웃은 어쩔 수 없다 하더라도, 카페에서 음료를 마시는 사람들 역시 일회용 컵을 이용하는 사람이 대부분이었다. 매장 한 켠에는 잠시 쓰이고 버려진 일회용 컵과 홀더가 가득했다.

폐기 과정뿐만 아니라 마시는 동안에도 건강에 좋지 않아

쓰레기 문제뿐만 아니라 일회용 컵은 건강에도 심각한 위험을 끼칠 수 있다. 대부분의 프랜차이즈에서 일회용 컵 중 온음료 뚜껑에 대해 PS(폴리스티렌) 소재를 사용하는 것으로 나타났다. PS는 저렴하고 가공성이 높으며 가벼워 사용하기에 편리하지만, 성형 과정에서의 가공 보조제는 물론 재질 자체가 식품으로 이행 및 용출로 인한 안전성 논란이 지속적으로 제기되어 왔다.[2] 특히 고온의 상태에서 내분비계 장애 물질 및 휘발성유기화합물(VOCs) 용출은 더욱 용이하기에 온음료에 대해 PS 소재를 사용한다는 것은 유해물질에 직접적으로 노출되는 우려가 있다.

2 김남훈 외, 「폴리스티렌 식품용기로부터 증류수로 용출되는 휘발성 유기화합물의 분석」, 서울특별시 보건환경연구원, 2010.

일회용컵 보증금 제도 부활에 대한 요구는 이미 높다

그렇다면 문제를 타파할 답은 명확하다. 이미 2003년에서 2008년까지 시행된 바 있는 일회용 컵 보증금 제도는 소비자가 음료를 구매할 경우 컵에 대한 보증금을 지불하고 사용한 컵을 해당 매장에 다시 반납할 경우, 보증금을 반환하는 방식이다. 일회용 컵 소비율을 낮추고 회수율을 높여 재활용도 용이하게 할 수 있었다. 그러나 이명박 정부 당시 기업 규제 자율화 정책을 통해 폐지되었고, 일회용 컵의 사용량은 급속도로 늘어났다. 2014년 국회환경노동위원회가 환경부로부터 받아 발표한 자료에 따르면 시행 당시 평균 27,011개였던 매장당 일회용 컵 사용량은 폐지 이후 평균 107,811개로 4배 가까이 늘어났다. 폐지 당시 환경부는 일회용 컵 환불율이 낮다는 근거를 들었지만 2003년 23.8%였던 환불율은 2006년 38.9%로 점차 증가 추세였다.

해마다 증가하는 일회용 컵을 규제하기 위해 지속적으로 제기되던 일회용 컵 보증금 제도의 부활에 대해 환경부와 기업은 '소비자 부담'을 이유로 들며 반려해 왔다. 그러나 2017년 여성환경연대가 진행한 전국 1,027명을 대상으로 한 설문조사에서 '일회용 컵 보증금 제도가 다시 시행되어야 한다.'에 대한 긍정적인 응답은 81.9%를 기록하였다. 뿐만 아니라 제도 시행 당시 50~100원 수준이던 보증금은 제도의 실효성을 위해 300~500원 미만이 적정하다는 응답이 높게 나타난 바 있다. 일회용 컵 보증금 제도가 다시 시행되어야 하는 이유 역시 '일회용 컵 사용을

그린 젤리지: 한국환경보고서 2018

일회용 컵 보증금 제도 및 컵 소재 단일화를 위한 캠페인 로고. ⓒ여성환경연대

자제하기 위하여'와 '보증금 미환불금을 통한 환경보호 활동을 위해' 등으로 나타났다. 더 나은 환경을 위해 보증금 제도가 필요하다는 인식을 담아낼 수 있는 제도적 틀이 부재했던 것이다. 같은 해 환경부와 한국자원경제연구소가 진행한 설문에서 역시 일회용 컵 보증금 제도에 대한 찬성 의견이 89.9%, 85.7%로 압도적으로 높았다.

컵 소재 단일화는 재활용을 높이고 분리 수거를 쉽게 한다

일회용 컵 보증금 제도와 함께 '컵 소재 단일화' 역시 이루어져야 한다. 재활용과 분리 수거를 용이하게 하기 위함이다. 우선 문제가 될 수 있는 PS 소재에 대해 PP(폴리프로필렌), PET(폴리에틸렌테레프탈레이트) 등 다른 소재로의 대체가 시급하다. 현재 일회용 플라스틱 컵은 PP, PS, PET가 혼재되어 폐기 시 육안으로 선별하기 어렵기 때문에 플라스틱 재활용율을 낮추는 요인으로 지적받고 있다. 그럼에도 컵 소재 단일화는 생산자를 규제한다는 점에 있어서 정부가 다소 소극적으로 대처하고 있는 형편이다.

과연 요구한다고 바뀔까? 그러나 두드리면 열리게 되어 있다. 지난한 실패가 또다시 반복되는 거 아니냐는 의심이 들 수 있겠으나, 이미 여성환경연대는 화장품과 치약, 구강청결제 등에 함유되는 미세 플라스틱을 규제하는 화장품법과 약사법 개정을 이끌어낸 바 있다. 뿐만 아니라 일회용 컵 보증금 제도의 부활을 위해 2,600여 명의 시민과 함께한 서명 운동, 실태조사 및 설문조사와 성명서 등을 통해 2018년 일회용 컵 보증금 제도가 부활한다는 환경부의 답 또한 얻어낼 수 있었다! 올해부터는 다시 각자가 사용한 일회용 컵에 책임지고 보증금을 내고 환불할 수 있게 되었다. 컵 소재 단일화 역시 조속한 결정이 이루어지길 기대한다.

물론 제도가 만능 해결책이 될 수는 없다. 보증금쯤이야 하며 환불은 필요 없고 그냥 일회용 컵을 쓰겠다는 이들도 적지 않을 것이다. 무엇보다 중요한 건, 바로 플라스틱을 쓰지 않겠다는 우리의 의지이자 의리이다! 매장에서 음료를 마실 때 "머그컵에 주세요."라고 말하는 건 생각보다 쉽고, 또 생각보다 친절히 컵을 내어주는 곳이 많다. 본인 컵이나 텀블러를 사용할 경우 할인까지 받을 수 있다. 일회용 컵을 쓰지 않는다는 건 불편함을 넘어선 '즐거운 불편'이 될 수 있다. 물론 컵뿐만 아니라 일상에서 플라스틱을 덜 쓰는 노력 또한 잊지 말아야 할 것이다. 합성섬유

그린 챌린지: 한국환경보고서 2018

로 된 옷을 세탁할 때 흘러나오는 미세 플라스틱, 습관적으로 사용하는 일회용 비닐봉투, 플라스틱 빨대와 칫솔을 대신해, 천연 소재의 옷, 장볼 때 잊지 않고 챙겨가는 장바구니, 대나무 소재의 빨대와 칫솔 등 플라스틱을 대체하는 삶은 어떨까. 지구뿐만 아니라 나의 건강까지 함께 지킬 수 있는 즐거운 불편이 될 것이다. 내가 지금 쓰는 플라스틱은 잘게 부수어져 내가 마시는 물까지 돌아올 테니.

4부 이슈: 2017년 10대 환경 뉴스

곡학아세 학자와 정치인, 공직자 등
4대강 사업에 부역한 이들에 대한
역사적 심판도 있어야 한다.
이들에게 책임을 묻지 않으면,
제2의 4대강 사업이
재연될 가능성이 높아진다.
이어 우리 강은 우리 모두의 자산으로서
다양한 사람들의 열정과 의지를
충분한 숙의 과정에
녹여 내는 것이 필요하다.

5

4대강 보 개방과
물 관리 일원화

이철재 에코큐레이터

그린 챌린지: 한국환경보고서 2018

4대강 살리기 사업(이하 4대강 사업)은 2007년 대선 후보 이명박의 공약인 한반도대운하(이하 대운하)가 2008년 미국산 광우병 쇠고기 파동으로 촉발된 국민 촛불 저항으로 좌절되자 '4대강 정비'라는 개념으로 추진된 하천 정비 사업이다. 한강, 낙동강, 금강, 영산강에 물의 흐름을 가로막는 16개의 콘크리트 보가 들어섰고, 강바닥 모래 4.5억m^3가 준설됐다. 2009년 11월 공사가 시작된 4대강 사업은 2012년 중하반기 물리적 공사가 마무리됐다. 여기에 22.2조 원이 투입됐고, 수자원공사(이하 수공)가 4대강 사업에 부담한 8조 원에 대한 원금 상환액과 이자 지원금 등 매년 수천억 원의 4대강 유지관리비가 들어가고 있다.[1] 이 사업을 주도한 이명박 정부는 '환경을 살리는 강으로 태어났다', '국가의 격을 높였다'며 '성공'이라 자평했지만, 국내외 전문가와 환

---

1   수공 부담 8조 원에 대해 수공이 5.6조 원을 자체 부담하고 정부가 2.4조 원을 2031년까지 상환할 예정이다. 여기에 정부가 8조 원에 대한 이자비용으로 2.9조 원을 2036년까지 지원할 계획이다.

경 단체는 '대국민 사기극', '국토 환경에 대한 반역, 반란', '복원을 가장한 파괴'라 평가하고 있다.[2] 4대강 사업 반대측은 4대강 사업 이후 '녹조라떼'라는 신조어가 만들어질 정도의 수질 악화, 계속되는 물고기 떼죽음 사고, 큰빗이끼벌레 등 이전까지 4대강 본류에서 볼 수 없던 현상들이 벌어지는 것은 4대강 사업으로 우리 강의 시스템이 회복되기 어려울 정도로 훼손된 증거라고 지적하고 있다. 2016년 11~12월 있었던 국민 촛불 저항을 동력으로 탄생한 문재인 정부는 4대강 사업의 문제점을 인정해 일부 보 수문 개방 등 일련의 대책을 시행했다.

4대강 사업은 '고인 물은 썩는다'라는 상식을 부정했기 때문에 필연적 부작용을 발생시켰다. 이 때문에 이명박, 박근혜 정부 10여 년간 4대강은 '잔혹사'로 평가되고 있다.[3] 여기서 질문을 던질 수 있다. 첫째, 4대강 사업은 어떻게 추진될 수 있었을까? 대한민국은 국내외 전문가는 물론 국민이 반대하는 사업을 막지 못할 만큼, 즉 예견된 파국을 피하지 못할 만큼 후진적 시스템이었나? 둘째, 변화된 기회 구조 속에서 '4대강 잔혹사'를 극복하기 위한 방안은 무엇일까? 질문에 답을 찾기 위해 2007년부터 2017년까지 4대강 사업을 네 단계로 구분해 각 시기 주요 사건과 특징을 살펴봤다.

2 이철재, 「4대강 사업 누가 찬동했나?」 『녹조라떼 드실래요』, 주목, 2016, 97~98쪽.
3 4대강 회복과 미래를 위한 시민사회 선언 기자회견 자료, 2017. 5. 31.

4대강 잔혹사 10년 개략 고찰

제1기 '대운하 추진 및 4대강 전환기(2007~2008)'는 이명박 정부가 자신의 공약으로 시작된 '한반도대운하'가 국민적 반감과 사회적 검증 속에 좌절되자, 2008년 4대강 사업으로 전환하던 시기였다. 2008년 6월 대통령 이명박은 광우병 쇠고기 파동으로 발생한 촛불 민심에 5월 1차 사과에 이은 2차 사과를 하면서 "국민이 반대한다면 대운하를 하지 않겠다"고 밝혔다. 그러나 이명박 정부는 2013년 7월 감사원이 밝혔듯이 대운하를 염두에 두고 4대강 사업을 추진했다. 이명박 정부는 대운하를 염두에 둔 4대강 사업 추진을 위해 국가정보원(이하 국정원)과 검찰 등 사정기관을 동원해 촛불과 대운하 반대 진영에 대한 압수수색을 벌이는 한편, 2008년 8월 15일 발표한 '저탄소 녹색성장'을 통해 4대강 사업을 '성장과 녹색' 이미지로의 프레임 전환을 시도했다. 이런 흐름에 따라 2008년 12월 15일에는 대통령 주재 제3차 국가균형발전위원회에서 '4대강 살리기 프로젝트'가 의결됐다.

제2기 '4대강 공사 강행기(2009~2011.10).' 이명박 정부는 4대강 사업을 '이명박 정권 1호 사업'이라 칭하며 국가 시스템(정부 부처, 사정기관)과 토건 재벌, 친정부 성향 전문가와 언론 등 광범위한 세력을 동원했다. 이명박 정부는 2009년 6월 반년 만에 4대강 마스터 플랜을 확정하는 등 속도전으로 일관했다. 앞서 2008년 12월 이명박 정부는 환경영향평가 작성 규정(환경부 고시)을 개정해 4개월여 만에 사전환경성평가, 환경영향평가를 통과시켰

그린 챌린저: 한국환경보고서 2018

고, 2009년 1월에는 국가재정법상 실시하는 예비타당성 규정을 완화해, 4대강 사업 90%를 예비타당성 조사 대상에서 제외시켰다. 이명박 정부는 2009년 11월 4대강별로 '희망선포식'이란 명칭의 기공식을 갖고 4대강 95개 공구에서 365일 24시간 공사 체제에 돌입했다. 천주교, 불교 등 종교계가 반대 입장을 공식화하고, 전문가 집단, 환경 단체는 물론 해외 전문가, 교포들이 반대 운동을 벌여 2010년 6월 지방선거에서 한나라당 패배라는 4대강 반대 민심이 확인됐지만,[4] 이명박 정부는 공사 속도를 늦추지 않았다. 2011년 10월 이명박은 남한강 이포보에서 열린 '4대강 새물결 맞이 행사'에서 "대한민국 4대강은 생태계를 더 보강하고 환경을 살리는 그러한 강으로 태어났다"며 4대강 사업 성공을 선언했다.

제3기 '4대강 부작용 발생기(2011. 11~2016. 3)'에는 4대강 사업에 따른 각종 피해와 부작용이 본격화됐다. 이명박이 4대강 사업 성공을 선언한 직후인 2011년 11월 낙동강 상주보 누수 현상, 2012년 2월 함안보 세굴이 발생해 구조물 안전성 논란으로 이어졌다. 이 시기 대표적인 사건은 녹조 번무 현상이다. 2012년 7월 '녹차라떼(이후 녹조라떼)'라는 신조어가 등장했고, 간 독성을 일으키는 마이크로시스틴이 세계보건기구(WHO) 권장치의 400배가 넘게 검출되는 등 수돗물 안전성 논란으로 번졌다. 2012년

---

4   이런 관점에서 가톨릭대학교 이시재는 4대강 사업 반대 운동을 '국민 저항'으로 평가했다(2013. 3. 19. 4대강 찬동인사 4차 발표 기자회견).

10월 금강에서는 충남도 추정 30만 마리의 물고기 집단 폐사 사건이 일어났고, 낙동강, 영산강에서도 물고기 떼죽음 사건이 빈번했다. 2014년부터 2015년에는 이전까지 강 본류에서 볼 수 없었던 큰빗이끼벌레가, 2015년부터 2017년에는 4급수 지표 생물인 실지렁이, 붉은색깔따구 애벌레가 4대강 본류에서 우점 했고, 2016년 2월에는 낙동강에서 기생충에 의한 어류 폐사가 일어나는 등 4대강 사업 강행에 따른 부작용이 계속됐다. 2011년 1월 4대강 1차 감사에서 '문제없다'고 감사한 감사원은 2013년 1월과 7월 '총체적 부실', '대운하를 염두에 두고 추진했다'라고 평가했다. 이명박 이후 집권한 박근혜는 집권 초기 4대강 사업 문제를 지적했지만, 2013년 8월 비서실장 김기춘의 등장부터 박근혜 정부 기조가 변했고, 이후 한동안 4대강은 정부 공식 문서에서 표현이 사라지는 등 사실상 '금기어'였다. 그러면서도 박근혜 정부는 이명박 정부 시절 제정된 '친수구역 활용에 관한 특별법'에 따라 부산 에코델타시티, 구리 월드 디자인시티 등 친수구역을 지정했다. 4대강 사업 부작용으로 발생한 주민 피해와 식수원 오염 문제 등은 방치되다시피 했다.

　　제4기 '4대강 회복 모색기(2016. 4~2017. 5)'는 2016년 4월 총선 결과 여소야대 정국이 되는 새로운 정치 기회 구조가 열리면서 시작됐다. 환경 단체는 총선을 앞두고 4대강 사업 찬동 등 반환경 후보 낙천낙선 운동을 벌였고, 총선 이후 여소야대 정국이 된 20대 국회가 4대강 반대측과 함께 4대강 사업 문제를 중점적으로 풀어낼 것으로 촉구하는 활동을 벌였다. 4대강 비판측은 새롭게 열린 정치 기회 구조와 2016년 12월 촛불 정국 이후 진행된 대선에서 4대강 재자연화 및 4대강 사업 진상 규명, 책임 촉구 활동을 벌였다.

사회성 회복과 성찰 과정으로서 4대강 복원

이명박 정부는 대운하를 '강 살리기'를 통한 '녹색 성장'이라는 프레임으로 전환하면서 개발을 원하는 정치 세력(여당 및 일부 야당 정치인), 지자체[5]과 주류 언론[6]의 지지를 이끌어 냈다. 이어 정부 조직 내 장차관 등 주요 인사들을 대통령 성향 인사들로 채워가면서 공직 사회와 이와 연계된 전문가 집단을 장악했다. 국정원 등 국가 사정기관을 동원해 4대강 반대측을 '종북 세력', '내부의 적'으로 규정했다는 사실도 확인됐다.[7] 결국 4대강 사업은 이명박 정부가 국가 시스템과 사회적 공론의 장을 장악해 민주주의와 사회적 이성과 상식을 마비시켰기에 할 수 있었던 사업이었다. 박근혜 정부는 앞서 살펴봤듯이, 4대강 사업에 따라 필연적으로 발생한 문제를 사실상 방치했다. 이명박, 박근혜 이전

---

5 2009년 8월 지자체들이 4대강 사업으로 연계해서 정부에 요청한 금액이 98조 2932억 원으로 집계됐다(뷰스엔뉴스, "'탐욕' 지자체들, 4개강 사업비 100조 요구" 2009. 8. 8).

6 주류 언론은 대운하에 대해서는 비판적 입장이었으나, 내운하와 다를 바 없는 4대강 사업에 대해서는 맹목적 찬동(동아일보, 문화일보), 교묘한 찬동(조선일보, 중앙일보), 침묵으로 찬동(국민일보, 세계일보)했다. 자세한 내용은 이철재(2016b)를 참고하면 된다.

7 2013년 3월 18일 민주당 진선미 의원실이 공개한 원세훈 국정원장의 〈원장님 지시·강조 말씀〉 문건.

정부에서도 대형 국책 사업이 있었으나, 4대강 사업은 강이라는 선을 동시다발적으로 개발했다는 점에서 차이가 있다. 이전 정부 국책 사업이 '자연에 대한 국지전'이라면 4대강 사업은 '자연에 대한 전면전' 수준으로 볼 수 있다.[8]

문재인 정부는 2017년 5월 4대강 6개 보 수문 개방과 4대강 정책감사, 수질과 수량, 재해예방을 환경부가 통합적으로 관리하는 '물 관리 일원화'를 지시했다. 이어 11월에는 정부 부처 합동으로 농한기 기간 동안 한강 강천보와 여주보를 제외한 14개 보 추가 개방을 발표했다. 7개 보는 즉시 개방하고, 7개 보는 지하수와 농업용수 등 상황을 고려하여 점차적으로 개방하겠다는 내용이다. 이러한 대책에 따라 금강 세종 · 공주 · 백제보와 낙동강 합천창녕보, 영산강 승촌보는 가둬둔 물을 최저수위로 낮춰 4대강 사업 이전과 비슷한 상태가 될 것으로 예상됐다. 실제 2018년 1월 합천창녕보 하류 황강 합수부 지점에서는 모래가 다시 쌓이는 현상이 확인됐다. 문재인 정부는 2017~2018년 농한기 보 수문 개방에 따른 상황을 모니터링하고[9] 2018년 6월 지방선거 이후 4대강 사업을 종합적으로 평가하는 위원회를 통해 보 개방 여부를 최종적으로 판단하겠다는 입장이다.

8   이철재, 「경험적 관점으로 본 4대강 저항운동」, 『한국환경사회학회 2017년 국제학술대회 및 추계학술대회』, 2017.

9   4대강 보 수문 개방에 따라 낙동강 함안보와 금강 백제보 상류 일부 지역에서는 농업용수 부족 현상이 발생했다. 그에 따라 정부는 보 수문 개방을 중단했다. 문제가 발생한 곳은 지하수를 활용한 수막 농법 지역으로서 과도한 지하수 사용이 문제라는 지적이 제기됐다. 한편으로 4대강 사업으로 농지를 상실하고 수위가 상승한 상황에서 농민의 불가피한 선택이라는 점에서 4대강 사업에 따른 사회적 영향으로도 해석된다.

낙동강 모래. ©이철재

4대강 사업은 우리 강을 지속가능하지 않게 만들어 놓은 사업이다. 이를 지속가능한 상태로 돌리기 위해서는 강이 지닌 고유성을 회복시키는 방안이 필요하다. 강은 위에서 아래로 막힘 없이 흐르는 것이 기본적인 고유성이고, 상·하류와 좌우 생태축과 연결되는 것 역시 고유성이다. 문재인 정부 대책에 따라 일부 보 수문 개방으로 모래가 재퇴적됐다는 것은 우리 강의 회복 가능성을 의미한다. 안병옥은 강을 '이용의 대상'으로만 봤던 가치관의 변화가 필요하다고 지적했다. 치수, 이수, 하천 환경을 병렬적 나열 후 이들의 조화를 추구하는 식의 정책은 선진국에서 이미 폐기한 낡은 패러다임으로, 강에 더 많은 공간을 부여하고 물 순환을 회복하고, 강 생태계를 보전하는 것이 효과적인 수해 예방과 물 이용의 지름길이라는 것이 역사와 경험 속에서 확인됐다는 분석이다.[10] 이러한 4대강 회복 및 복원에 국민들이 유역 단위로 참여하는 방안을 고려해야 한다.

중요한 것은 4대강 복원을 단지 강줄기 복원으로 국한하지 말아야 한다는 점이다. 4대강 회복 또는 복원을 강줄기로만 국한시키면, 강 살리기의 기본인 유역 개념과 사회적 성찰이 약화될 수밖에 없다. 앞서 살펴봤듯이 4대강 사업은 실패가 예견된 사업을 최고 권력층이 국가 시스템을 동원해 국민적 반대에도 불구하고 강행해 예산 낭비, 국토 파괴, 민주주의와 사회적 이성과 상식을 후퇴시킨 사건이었다. 대운하를 염두에 뒀음에도 '강 살리기'라는 이름으로 추진됐고, 4대강 비판을 금기시하다 못해 색깔론으로 대응하면서 건전한 사회 공론의 장을 마비시켰다. 이는 대한민국을 총체적으로 후퇴시킨 것이 4대강 사업이었다는 걸 의미한다. 따라서 4대강 회복은 4대강 사업이 추진될 수 있었던 사회 시스템 전환을 전제해야 한다.

지속가능한 관점에서의 통합적인 물 관리, 즉 물 관리 일원화도 사회적 성찰 과정이자 우리 강 회복 방안으로 필요하다. 현재까지 우리나라 물 관리 정책은 부처 할거주의다. 수량은 국토부, 수질은 환경부, 소하천 등은 소방방재청 등으로 분산된 물 관리 시스템은 국가 물 관리 컨트롤 타워 부재를 야기했다. 내용은 유사하지만 부처별로 별도의 사업을 시행하면서 예산 낭비 사

---

10 안병옥, 「한국의 4대강 이렇게 살리자」, 『녹조라떼 드실래요』, 주목, 2016, 215~216쪽.

례가 많았다. 물 관리 일원화가 처음 제기된 것은 1990년대였다. 1990년대는 1991년 페놀 사고 등 수질 오염 사고가 빈번했고, 이를 해결하기 위해서는 통합적 관리의 필요성이 제기됐다. 이러한 내용을 담았던 것이 '물 기본법' 또는 '물 관리 기본법'이었지만, 이제까지 국회에서 통과되지 못했다. 문재인 정부의 물 관리 일원화 방향은 정부조직 개편만이 아니라 물 기본법 제정까지 이어질 것으로 보인다. 그렇기 때문에 4대강 전문가 반대 운동조직을 이끌어왔던 가톨릭관동대 박창근은 "우리나라 물 관리 체계에 있어 혁명적인 일"[11]이라 평가했다.

곡학아세 학자와 정치인, 공직자 등 4대강 사업에 부역한 이들에 대한 역사적 심판도 있어야 한다. 이들에게 책임을 묻지 않으면, 제2의 4대강 사업이 재연될 가능성이 높아진다. 이어 우리 강은 우리 모두의 자산으로서 다양한 사람들의 열정과 의지를 충분한 숙의 과정에 녹여 내는 것이 필요하다. 다시 말해 결과로서 '4대강 복원'도 중요하지만, 사회적 회복으로서 4대강 회복이 필요하다는 말이다. 이것이 생태민주주의 관점에서 강 복원이다.

11　tbs 인터뷰. 2017. 5. 22.

급격한 인구 증가와 산업혁명으로
전 지구적으로 이미 많은 산림이 사라졌다.
지금 이 순간에도 열대림이
파괴되고 있으며
지구온난화로 인한 수목의 북방한계선은
약 700킬로미터까지 확대되었다고 보고된다.
문명의 파괴가 숲의 파괴로부터
시작되었다는 것을 상기하자.
"문명 앞에 숲이 있었고,
문명 뒤에 사막이 남는다."
(샤토 브리앙)

6 국립공원 50주년, 조각나고 위태로운 국립공원

배제선 녹색연합 활동가

미국 최고의 발명품. 국립공원을 설명할 때마다 수식어처럼 따라다닌다. 퓰리처상을 수상한 미 서부의 지역주의 작가 월리스 스테그너(Wallace Stegner)의 표현이다. 1903년 루즈벨트 대통령이 요세미티 계곡에서 존 무어(John Muir, 시에라 클럽 창시)와 3일간 함께 머물며 자연의 숭고함에 감동해 1906년 요세미티 국립공원 보호를 위한 법안에 서명한 것은 유명한 일화다.

돈으로 전 세계에 영향력을 행사하고 또 돈을 위해 무엇이든지 서슴없이 해내며 1인당 가장 많은 탄소를 배출하고 있는 미국이 국립공원이란 공공재를 창조해 낸 것은 아이러니다. 수천 년의 유구한 역사문화를 가진 어느 나라에서도 만들지 못한 공공재를 창조했다니! 이는 단순히 아름다운 경관과 생태계를 보전한다는 공간 보호의 의미 그 이상이다. 개인이나 한 집단이 점유하거나 해할 수 없으며 모두가 공평하게 누구든지 자연의 숭고함을 향유할 수 있도록 영구히 보전하겠다는 선언. 이는 국립공원이란 공간의 가치에 대한 발견이자 조명이고 공원 지정의 취지이자 보호 원리이다. 국립공원의 기본 이념은 이렇게 출발했다.

도로와 탐방로로 2,124개 조각으로 쪼개진 국립공원

우리나라는 1960년대에 국립공원 제도를 도입했다. 1967년 지리산국립공원이 시작이다. 그러나 실상은 지리산 개발 정책에 가까웠다. 경관이나 생태계 보전을 위해서가 아니라 지역의 경제 개발과 관광 활성화를 중심에 두었기 때문이다. 애초 법과 제도가 없이 시작된 우리나라 국립공원은 이후로도 정권이 바뀔 때마다 각종 공약의 개발 대상이 되었다. 단 2주간의 대회를 위해 덕유산 정상부를 통째로 들어내고 세운 스키장, 지금도 설악산을 비롯해 케이블카 건설 논란이 아직도 갈등 현안이 되고 있는 점은 지난 50년간 우리나라 국립공원 정책의 실상을 적나라하게 보여주는 것이라 하겠다.

또한 이용 중심으로 관리되어 온 우리나라 국립공원은 극심하게 조각화(파편화)되었다.[1] 인간의 간섭 없는 특정 면적 이상의 숲이 적다는 것은 생태계의 불안전성과 경관 훼손을 의미한

---

1   파편화: 단일 서식지를 작은 조각(Patch)들로 분리하여 넓은 서식지를 요구하는 종과 내부 종이 서식하기에 나쁜 환경을 조성하며, 종 다양성의 축소나 일부 동물 종의 밀도를 떨어뜨리는 등의 부작용을 초래한다(Arnold et al., 1995). 새로운 도로 개설은 단일 서식지 조각화를 가속시키는 가장 대표적인 요인이 되고 있다.

다. 국립공원을 관통하는 수많은 도로와 탐방로가 그 원인이다. 녹색연합이 2017년 연구한 결과에 따르면 우리나라 산악형 국립공원 16개소의 조각화는 매우 심각했다. 도로와 탐방로로 인해 총 2,124개 조각으로 잘게 쪼개어져 있으며 이를 연결한 총 길이는 2,327.46킬로미터다. 서울에서 부산을 직선거리로 3번 이상 왕복할 수 있는 거리다. 여기에 통계에 잡히지 않는 샛길과 임도(임업용 도로)를 더하면 조각화는 더 심해진다. 2017년 11월 현재 우리나라 국립공원 지정 현황은 총 22개소로 육지 3,972.589km^2, 해면 2,753.709km^2로 총 6,726.30km^2다. 국토의 6.7%이며 육지 면적 기준으로는 국토 면적의 3.96%에 불과하다.

지리산국립공원 파편화 현황

우리나라 국립공원 1호이자 산악형 국립공원 중 가장 면적이 넓은 지리산국립공원은 152개의 조각으로 파편화되어 있다. 이 중 대형 포유류가 살아가기에 적합한 50km^2 이상의 단일 면적을 유지하는 곳은 단 1곳뿐이며 5km^2 이하의 면적은 130개나 된다. 얼마 전 지리산 반달곰이 수도산까지 이동한 사실 역시 이와 무관하지 않다. 탐방로로 조각조각 쪼개져 있는 지리산국립공원에는 탐방로 곳곳에 '곰 출현 주의'라는 안내 문구가 붙어 있다. 반달곰이 살아가야 할 구석구석까지 사람들이 이용하고 있는 것이다.

[표 1] 국립공원 조각수

(단위: 조각수, 면적(km2))

명칭	5 이하	5-10	10-20	20-30	30-40	40-50	50 이상	합계
지리산	130	7	6	4	3	1	1	152
계룡산	97	3	1	0	0	0	0	101
설악산	100	4	0	50	0	2	1	112
속리산	239	11	5	1	2	0	0	258
내장산	63	4	1	0	0	0	0	68
가야산	55	1	4	0	0	0	0	60
덕유산	106	4	3	2	1	0	1	117
오대산	87	1	2	0	0	2	2	94
주왕산	41	3	1	2	0	0	0	47
북한산	274	0	1	0	0	0	0	275
치악산	96	1	1	3	1	1	0	103
월악산	214	6	5	0	0	0	1	226
소백산	199	7	5	2	2	0	1	216
월출산	26	1	1	0	1	0	0	29
무등산	181	1	0	0	0	0	0	182
태백산	81	1	2	0	0	0	0	84
합계	1,989	55	38	19	10	6	7	2,124
평균	124.3125	3.4375	2.375	1.1875	0.625	0.375	0.4375	

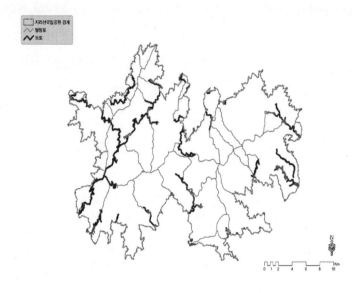

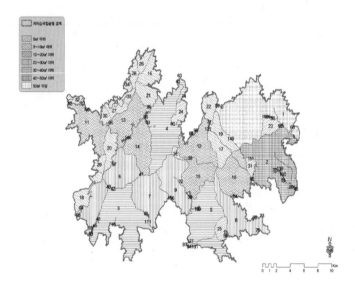

(위) 지리산 탐방로, 도로
(아래) 지리산 조각화 ⓒ녹색연합

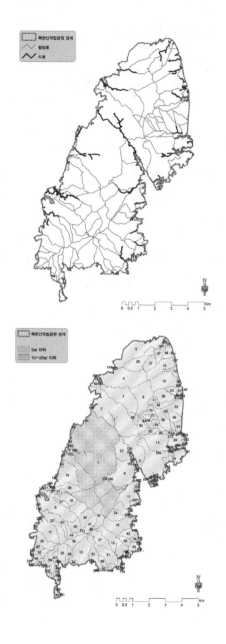

(위) 북한산 탐방로, 도로
(아래) 북한산 조각화 ⓒ녹색연합

4부 이슈 : 2017년 10대 환경 뉴스

북한산국립공원 파편화 현황

면적 대비 파편화가 가장 심하게 진행된 곳은 북한산국립공원이다. 천만 시민이 살고 있는 서울에 위치한 북한산국립공원은 면적은 76.9㎢에 불과하지만 연간 평균 700만 명이 이용하고 있으며 실핏줄처럼 북한산국립공원을 사방으로 관통하는 도로와 탐방로로 인해 275개의 조각으로 쪼개졌다. 275개 조각 중 274개가 5㎢ 이하이며 단 1곳만이 10㎢ 이상의 면적이다. 그 외 월출산국립공원 226개, 덕유산국립공원이 117개, 치악산국립공원이 103개 등 모두 10개 이상의 조각으로 쪼개져 있다. 조사 대상지 16개 국립공원 중 50㎢ 이상의 단일 면적을 보유하고 있는 곳은 단 7곳에 불과하다.

시설물로 점령된 국립공원

우리나라 산악형 국립공원 이용자 수는 2016년 기준 약 3천만 명이다. 수많은 길들은 대부분 산 정상부로 연결된다. 우리나라의 국립공원이 낮고 걷기 쉽기 때문일까? 결코 그렇지 않다. 북의 백두산부터 남의 지리산까지 한반도를 관통하는 거대한 백두대간의 험준한 산줄기는 쉽게 넘나들 수 없어 우리 국민의 생활과 문화권을 나누었다. 구름도 넘지 못하고 새도 힘이 들어 쉬어간다는 백두대간, 그곳에 8개 국립공원이 위치해 있다. 이곳은 국

그린 챌린지: 한국환경보고서 2018

내 멸종위기종 246종 중 약 63%(156종)가 서식하고 있는 야생생물의 마지막 서식처가 되었고 한반도 생태계의 핵심이 되었다.

그럼에도 이렇게 많은 사람들이 산정상부를 탐방할 수 있는 이유는 시설물 때문이다. 이용자 편의만 고려해 1,000미터가 넘은 곳에 대형 숙박 시설은 물론 경사도 40%를 육박하는 기암절벽에도 철다리와 데크를 설치했다. 자연암을 훼손해 계단으로 만들고, 하면 추락이 염려되는 아찔한 곳까지 앙카를 박아 가드를 만들기도 한다. 이런 시설물들은 모두 사람들을 정상부로 쉽게 끌어올리기 위한 것들이다. 이로 인해 현재 국립공원 정상부 대부분은 토양이나 식생이 전혀 남아 있지 않다. 돌과 계단으로 정비된 산정상부가 있을 뿐이다. 연간 300만 명 이상 찾아오는 지리산, 설악산, 덕유산 등 유명 산들은 그 훼손 실태가 더욱 심각하다. 지리산의 천왕봉, 설악산 대청봉은 차라리 넓은 광장에 가깝다. 이는 예전의 모습이 아니다. 불과 50년 전만 해도 토양과 지표식물이 두툼이 살아 있어 오솔길을 따라 걸어 대청봉과 천왕봉을 만났다고 한다. 오솔길과 같은 탐방로는 이제 찾아보기 힘들다.

곤돌라가 설치되어 있는 덕유산은 유원지에 가깝다. 이미 스키장 건설로 인한 훼손으로 국립공원의 의미를 상실한 덕유산은 해발 1,520미터 설천봉까지 곤돌라를 이용해 15분 만에 오를 수 있다. 설천봉휴게소에서는 커피, 돈까스와 생맥주까지 팔고 있다. 이곳에서 향적봉(덕유산 정상봉)까지는 30분이면 충분하다. 그나마도 모두 데크와 계단으로 되어 있어 구두와 슬리퍼를 신고도 전혀 문제되지 않는다. 모두가 향유하여야 하는 해발 1,600미터 향적봉의 장관과 숭고함은 각종 시설물들이 대신하고 있다. 정상으로 향하는 탐방로는 이미 평균 10센티미터 이상의 침식이 발생했다.[2] 토양 1센티미터가 스스로 회복되는 데 걸리는 시간이 약 100년이라고 한다. 계속되는 침식으로 드러난 나무뿌리는 이용자 편의를 위해 잘라버리고 지탱할 흙마저도 없어지면 나무는 쓰러지고 만다.

논란이 되고 있는 설악산국립공원의 케이블카 설치가 어떤 이름을 갖다 붙여도 '친환경'이 될 수 없는 이유가 여기에 있다. 오색에서 대청봉(1,707.9미터)까지는 지금도 3시간이면 오를 수 있다. 지리산, 설악산, 덕유산 등 대부분의 국립공원이 그렇다. 정상부까지 흙은 밟을 수 없으며 돌계단과 데크가 전부다. 오색 코스가 시작되는 입구까지 대형 버스가 다닌다. 그런데, 그것도 모자라 케이블카를 끝청까지 놓겠다는 것이다. 지금도 300만 명이 넘게 찾아와 쉴 틈이 없는 설악산에 케이블카로 더 많은 사람들을 더 빠른 시간에 실어 나르겠다는 것이다. 관광 활성화와 더불어 지역 경제 활성화를 명분으로 내걸고 있지만, 케이블카가 만들어진다고 지역 경제가 활성화될 것이란 근거는 없다. 재정 상태가 열악한 강원도가 사업비를 감당할 수 없기 때문에 국고 지원이 필수인 이 사업이 대통령의 관심 사항이었음에도 불구하고 예산 편성을 거부당한 것이 이를 증명해 준다.

2017년 국립공원 50주년을 맞아 환경부는 성대한 잔치를 벌였다. 각계 인사들을 불러모아 기념식을 가졌고 자연공원법도 개정하겠다고 한다. 그러나, 환경부가 국립공원 50주년 잔치 전에 먼저 해야 할 것은 '반성'이다. 지난 50년간 우리나라의 국립공원을 관

그린 챌린지: 한국환경보고서 2018

---

2   「녹색연합 등산로 훼손조사 보고서」, 2015. 백두대간 남한 구간 701킬로미터의 마루금 등산로를 실측하였다.

(위) 지리산국립공원 정상부. ⓒ녹색연합
(아래) 속리산국립공원 정상부 문장대 바위에 철계단을 설치해 사람들이 올라가
도록 했다. ⓒ녹색연합

243

그린 챌린지: 한국환경보고서 2018

(위) 끝도 없이 펼쳐지는 설악산국립공원의 철계단. ⓒ녹색연합
(아래) 해발 1,520미터에서 운영되는 덕유산의 식당. 술도 판매한다. ⓒ녹색연합

리하기 위한 자연공원법은 더 잘 '개발'하기 위해 개정되어 왔다.

덕유산국립공원에 무주리조트를 건설하기 위해 1993년 국립공원위원회가 자연보존지구의 용도변경안을 승인하고 덕유산 정상부 설천봉 일대를 밀어내는 대가로 1996년 자연공원법 시행령에 설치 가능한 시설에서 '골프장 및 스키장은 제외한다'는 문구를 삽입했을 뿐이다. 이후로도 철도와 도로, 케이블카, 공항 등 국립공원을 대상으로 한 대규모 개발 사업은 끊임없는 사회적 갈등과 논란을 일으키며 엄청난 사회적 비용을 감수해야 했다.

이 논란을 가중시킨 것이 바로 환경부다. 2008년 '자연공원 로프웨이 설치, 운영 가이드라인'을 작성하고 2010년에 시행령을 개정해서 공원자연보전지구에 허용 가능한 케이블카를 2킬로미터에서 5킬로미터까지 늘려놓았다. 박근혜 정부 때는 대통령의 말 한 마디에 환경부는 두 번이나 부결되었던 설악산케이블카 사업에 불을 붙였고 제 본분을 망각한 채 국립공원위원회를 통해 실현 불가능한 '부대 조건'을 내걸어 통과시켰다. 문화재위원회는 설악산 케이블카 설치와 관련하여 설악산 천연자연보호구역 내 문화재 현상 변경 허가를 불허했지만, 양양군은 중앙행정심판위원회에 이의를 제기하여 불허 결정을 무효로 만들었다. 문화재위원회는 재심의에서 재차 불허 결정을 내렸으나 문화재청은 이를 무시하고 허가 결정을 내렸다. 현재 설악산을 사랑하는 사람들은 문화재청장의 문화재 현상 변경 허가 결정 무효 소송을 제기 중이다.

이미 자연공원에 설치하려는 케이블카 수만 해도 15곳이 넘고 갈등 역시 심각하다. 이를 해결할 수 있는 방안 중 하나는 현재의 자연공원법 시행령 개정이다. 환경부의 의지만 있다면 '시설조항'을 담고 있는 시행령 개정(케이블카 부분 삭제 등)을 추진할 수 있다. 또한 정부의 눈치를 볼 수밖에 없는 현재의 구조를 탈피하기 위해, 정부 부처 위원이 절반이 넘는 환경부 국립공원심의위원회의 구성을 모두 민간 위원으로 교체하는 방안도 있다. 하지만 안타깝게도 지난 50년에 대한 성찰이 없는 환경부에게 이런 의지를 기대하기란 어려워 보인다.

"문명 앞에 숲이 있었고, 문명 뒤에 사막이 남는다"

지난 50년간 국립공원은 '보전'이 아니라 '이용'자 중심의 레저 활동 공간에 가까웠다. 그 결과 많은 시설물들이 들어서고 야생의 깊은 곳까지 사람들에게 개방되었다. 요세미티 국립공원의 관광객은 연간 400만 명이다. 요세미티를 찾는 400만 명이 실상 보고 즐기는 것은 요세미티의 약 5%에 불과하며 95%는 자연 그대로의 모습으로 지켜지고 있다. 우리나라의 지리산, 설악산국립공원을 찾는 탐방객은 각각 연간 300만 명이다. 그중 가장 면적이 넓은 지리산국립공원은 요세미티의 15.7%밖에 되지 않는데 찾아오는 탐방객 수는 거의 비슷하다.

　이제는 국립공원의 이상과 개념을 재정립해야 할 때이다. 국립공원의 가장 중요한 이념인 생태계와 경관 보전을 기본으로 법을 다듬고 새로운 정책들을 만들어가야 한다. 보전 지역과 이용 지역을 엄격하게 구분하고 훼손이 심한 곳은 과감하게 휴식년제를 도입해 숲을 숲답게 되돌려야 한다. 과학적 조사와 연구를 기반으로 야생생물 자원을 관리하고 교육을 통해 국민들이 국립공원의 본래 개념을 인식할 수 있도록 해야 한다. 점진적으로 시설물을 걷어내고 정상 정복형 산행 문화를 바꿔 현재 대부분 탐방로 관리에 쓰이고 있는 국립공원 예산을 제대로 된 보전 지역 관리 예산으로 돌려야 한다. 실핏줄처럼 국립공원을 관통하고 있는 탐방로와 도로 등도 복원하여 야생생물들의 안정적인 서식지를 만들어주어야 한다. 자연에 들고자 하는 국민의 욕구는 국립공원이 아닌 지역에 탐방로를 정비하거나 내가 살아가고 있는 지역에 도시 숲을 조성해 해소될 수 있도록 해야 한다. 사유지가 많은 것도 공원 관리에 큰 걸림돌이다. 환경부가 보호구역을 제대로 관리하기 위해서는 이를 국유화하는 것이 필요하며 개인의 토지 이용 제한에 대해서는 그에 맞는 보상도 이루어져야 한다.

50년간 마음대로 이용해 온 국립공원을 자연으로 되돌리기는 쉽지 않을 것이다. 이용자들의 많은 저항도 있을 것이다. 그러나 이제 더 이상 정권의 눈치를 보거나 민원 뒤에 숨을 시간이 없다. 급격한 인구 증가와 산업혁명으로 전 지구적으로 이미 많은 산림이 사라졌다. 지금 이 순간에도 열대림이 파괴되고 있으며 지구온난화로 인한 수목의 북방한계선은 약 700킬로미터까지 확대되었다고 보고된다. 문명의 파괴가 숲의 파괴로부터 시작되었다는 것을 상기하자. "문명 앞에 숲이 있었고, 문명 뒤에 사막이 남는다."(샤토 브리앙)

영풍석포제련소의 환경오염 실태를
재조사하고, 책임을 물어야 한다.
그리고 주민의 건강권을 지켜야 한다.
이를 위해서는 '영풍문고'로
그린워싱(Green washing)된
영풍그룹의 실체를 알려야 한다.
그리고 감사원 감사를 통해서
환경부와 지자체의 특혜가
어떻게 이루어졌는지 밝혀야 한다.

7

**특혜로 방치된
영풍석포제련소의
환경오염**

창주 이정미국회의원실 비서관/생태지평연구소 운영위원

그린워싱의 상징 영풍문고

'영풍' 하면 가장 먼저 떠오르는 기업 이미지는 뭔가요?

영풍석포제련소 환경오염 문제를 다루면서, 주변 사람들에게 가장 많이 했던 질문이다. 개인적으로 질문한 것이라 객관적인 지표는 아니지만, 10명 중 9명은 영풍문고를 떠올렸다. '영풍' 기업의 이미지는 지식, 정보, 소통, 깨끗함 같은 긍정적인 것들이다. 서울 종각 옆에 있는 영풍문고가 만들어낸 사회적 이미지이다.

영풍그룹은 우리가 알고 있는 것과는 달리 고려아연, 영풍석포제련소 등 오염물질을 대량으로 배출하는 비철금속 전문 회사이다. 연간 매출액이 약 10조 원에 달하는 기업 규모 30위 수준의 대기업이다.

많은 사람들이 영풍 하면 가장 먼저 떠올리는 '영풍문고'

는 환경오염 유발 기업인 영풍 기업을 녹색으로 위장시켜 주는 '상징'이 되었다. 위장된 환경주의를 지칭하는 그린워싱(Green washing)의 대표적인 사례가 '영풍문고'이다.

영풍의 기업도시가 된 경북 봉화군 석포면

산골 중에 산골인 석포면을 서울에서 가려면 5시간 남짓 걸린다. 오지에 있는 영풍석포제련소에 대한 정부의 관리감독은 전무했다. 영풍석포제련소의 직원들이 지역 경제의 중심이 되었기 때문에 석포면은 자연스럽게 영풍석포제련소의 도시가 되어버렸다. 석포면 전체 주민은 1,700여 명인데 영풍 직접고용 직원이 520명, 협력 업체 직원까지 더하면 1,000여 명이 제련소에 일한다.

　시멘트공장이 있는 제천, 단양, 속초, 장성과, 기업도시인 포항, 울산, 광양, 여수 지역의 공통점은 환경과 주민의 건강권보다는 지역 경제가 항상 우선한다는 것이다. 환경오염 정도는 감내할 수 있다는 것이다. 개발주의 시대 산물이다. 이런 사고는 경제 규모가 세계 10대 규모임에도 불구하고 변화하지 않았다.

기업도시, 방조되는 불법들과 특혜 의혹

1970년에 만들어진 영풍석포제련소는 최근까지도 오염물질을 쉼없이 배출하였고, 거대한 자본의 힘과 권력을 이용해 누구의 통제도 받지 않고 있다. 1,700여 명밖에 살지 않은 작은 도시 석포면에 자리한, 재계 30위의 대기업 영풍석포제련소는 대구지방환경청 · 봉화군 · 경상북도 공무원과 정치인들의 비호 아래 환

4부 ○ 수 2017년 10대 환경 뉴스

경오염물질을 배출해 왔다. 대구지방환경청장은 퇴직 후 영풍석포제련소 부사장으로 취임했고, 환경부 경인지방청장은 사외이사로, 전 환경부 장관과 노동부 장관, 전 공정거래위원회 부위원장은 고려아연(영풍그룹 계열) 사외이사를 역임했다.

영풍석포제련소 제3공장 인허가 과정을 보면 석포면은 영풍공화국이라는 것을 알 수 있다. 2005년 제3공장(창고 및 공장용지) 허가가 이루어진다. 극판공장 건물 2개 동으로 허가를 받았지만, 실제 지어진 건축물은 15개이다. 이 과정에 지구단위계획 변경 없이 일부 산림을 훼손했으며, 환경영향평가를 받지도 않았다. 대구지방환경청, 봉화군, 경상북도의 묵인 없이는 불가능한 일이다. 이뿐만 아니라 불법 야적물인 원광석 찌꺼기들은 앞으로 사용될 것이기 때문에 폐기물이 아닌 원료로 환경부가 유권 해석했다. 그리고 10여 년째 원료로 사용되지 않고 방치되고 있다.

2000년 초반에 대기오염과 토양 중금속오염이 심각하다는 것이 확인되었지만, 그뿐이었다. 2014년 민주당 한정애 의원의 문제제기로 2015~2016년 영풍석포제련소에 대한 정밀조사가 환경부, 한국환경공단, 대구지방환경청, 국립환경과학원 등에 의해 이루어졌다. 그 결과물이 「석포제련소 주변지역 환경영향 조사」 보고서이다. 그렇지만 이 보고서가 영풍석포제련소 봐주기로 일관되었다는 것이 2017년 정의당 이정미 국회의원, 녹색연합, 환경운동연합 등의 공동 작업을 통해 확인되었다.

그린 챌린지: 한국환경보고서 2018

제련소에 의한 토양 중금속오염과 주민들 중금속 노출

부실하고 조작되었다는 의혹을 받고 있는 이 보고서에 따르더라도, 중금속인 비소(As) 오염도는 평균 29.6ppm, 최대 163.6ppm으로 제련소 반경 4킬로미터 이내 지점 대부분이 우려 기준 25ppm을 초과했다. 아연(Zn) 농도는 평균 226.4ppm, 최대 5,984ppm이었고, 반경 2킬로미터 이내에서는 대체로 우려 기준 300ppm을 초과했다. 448지점에서 1,058개 시료를 채취해 분석한 결과 토양오염 기준을 초과한 시료는 344지점 659개였다. 지점 수 기준으로는 76.8%, 시료 수 기준으로는 62.3%가 기준을 초과했다.

봉화군 석포면 주민 2천여 명 가운데 771명을 조사해 보니 주민 소변 속 카드뮴 수치는 평균 1.32μg/g-cr로 국민 평균치 0.5μg/g-cr보다 2.64배 높았다. 그리고 주민 혈액 중 납 수치는 평균 4.05μg/dl로 국민 평균치 1.94μg/dl보다 2.09배 넘게 검출되었다. 카드뮴 고농도자 6명 가운데 4명이 이상 소견을 보였다. 이 가운데 2명은 제련소에 근무한 바 있다.

환경부의 영풍제련소 봐주기

환경부, 토양오염 영향권 3km 이내로 발표, 그러나 납 동위원소는 4km 구간에서도 확인

환경부는 토양오염 실태조사를 통해 "대기 확산 모델링, 분진 조사, 심도 및 이격거리별 토양오염 조사 등 종합한 결과, 제련소의 토양오염 영향권은 반경 3킬로미터 이내로 결론"을 내렸다.

그러나 환경부가 공개한 「석포제련소 주변지역 환경영향조사」 보고서(300쪽)에는 4킬로미터 떨어진 주택가 지붕과 우수 배수시설에 쌓인 먼지 속에서도 납동위원소가 발견된 것으로 나타난다. 아연함유광물은 영풍석포제련소에서 배출한 것이며, 영풍석포제련소에 의한 토양오염의 범위는 4킬로미터임이 입증되어 있는 것이다. 그런데 환경부는 대기확산모델링 결과만을 갖고 토양오염 영향권을 4킬로미터가 아닌 3킬로미터로 결론을 내렸다. 환경부가 영풍석포제련소를 봐주지 않았다면 불가능한 일이다.

대기 확산 모델링을 수행한 회사 대표도 인정한 조사 부실

'대기 확산 모델'의 분석 결과를 신뢰할 수 있을까. 대기 확산 모델링의 신뢰도를 높이려면, 모델링에 입력되는 ① 대기물질 배출량과 농도, ② 바람과 온도, 습도 등 기상 조건, ③ 평상시와 같은 공장 시설 운영 방식 등이 정확해야 한다. 2017년 10월, 대구지방환경청, 국립환경과학원, 환경공단, 환경운동연합, 녹색연합, 정의당 이정미 국회의원 보좌진이 참여하는 비공개 간담회에서 대기 확산 모델링을 수행한 회사 대표는 다음과 같은 사실을 확인해 줬다.

첫째, 환경공단과 함께 측정한 영풍석포제련소 대기물질 배출농도가, 국립환경과학원이 석포제련소로부터 받은 5년간 대기물질 배출농도에 비해서 너무 낮았기 때문에 환경공단이 실측한 값을 사용하지 않았다.

둘째, 대기 확산 모델링에 입력한 기상 자료는 5~30킬로미터 떨어진 기상관측 자료이다. 영풍석포제련소 주변의 기상 자료를 측정해서 입력하지 않았다. 이를 위한 연구 예산이 없었다.

이 두 가지 사실은 대기 확산 모델링이 부실하게 진행되었음을 보여준다. 5년간 측정된 자료보다 현저하게 낮은 실측값이 나왔다는 것은 환경공단이 제련소 대기물질 배출농도를 측정할 때, 제련소측이 일상적 방식으로 공장을 가동하지 않고 매우 특별한 방법으로 가동하지 않고는 불가능하다. 영풍석포제련소의 시설 개선은 몇 년 후로 계획되어 있기 때문에, 시설 개선에 의해서 배출농도가 낮아졌다고 볼 수도 없다(「(주)영풍 석포제련소 통합환경영향조사 및 환경개선계획(2017. 8)」).

그리고 대기 확산 모델의 신뢰도를 높이기 위해서 중요한 요소 중 하나는 정확한 기상 조건을 입력하는 것이다. 이를 위해서 깊은 계곡에 있는 영풍석포제련소 주변의 기상 자료가 반드시 필요하다. 그런데 예산이 없다는 이유로 측정하지 않았다고 한다.

대기 확산 모델을 수행한 업체의 대표는 대기 확산 모델링을 다시 할 필요가 있다고 인정했다.

토양오염 범위를 4킬로미터가 아닌 3킬로미터로 축소시킨 대기 확산 모델링 결과는 신뢰할 수 없다. 정확하지 않은 자료를 입력해 만들어진 대기 확산 모델링 결론은 피해 범위를 축소시키는 데 결정적인 역할을 했다. 그러나 환경부의 영풍제련소 봐주기는 여기에 멈추지 않는다.

영풍석포제련소의 주변 토양오염 기여도 역시 축소

「석포제련소 주변지역 환경영향 조사」 보고서의 최종 결론은 영풍석포제련소가 주변 토양오염에 기여한 정도는 10%라는 것이다.

기여도 10%의 비밀은 간단하다. 첫째, 물질의 독성이 다르고, 오염 면적이 다르고, 그 성격이 다른 비소와 중금속(아연 등)을 하나의 분석 단위로 합친다. 둘째, 오염 면적을 합쳐 평균을 낸다. 어린이와 어른의 힘이 같다고 가정하고 1인당 힘의 평균을 내는 것과 같다.

구역별 기여도 표를 보면 E, F, G 조사 구역(대책 기준 초과 지역)의 아연복합오염의 기여도는 83.1%이다. 그리고 이를 거리별(3~4킬로미터)로 다시 기여도를 계산한 표를 보면 27.7%이다. 27.7%가 나온 것은 83.1%를 E, F, G 구역 3곳으로 나눈 값이다. 지도에서 구역 F, G는 북쪽에 위치해 있고, E 지역은 남쪽에 있으며, 이 3곳의 면적은 다르다. 그런데 환경부(환경공단)는 3곳의 아연복합오염의 기여도를 합하고 3으로 나눈 것이다. 엉터리로 기여율을 계산했다는 것이 확인된 것이다.(다음 표 참조)

이 조사표와 그림이 나타내는 바는 영풍석포제련소에서

그린 챌린지: 한국환경보고서 2018

3~4킬로미터 떨어진 지점에서 아연복합오염에 대한 기여도는 83.1 %이며, 납 동위원소 분석은 4킬로미터 내에서만 수행했다는 점이다. 그러나 환경부는 이런 사실을 외면하고 영풍석포제련소의 기여율을 10%라고 결론을 내렸다.

[표1] 조사 구역별 오염 특성에 따른 석포제련소 기원의 오염기여도 배분 결과
 * 출처: 환경부, 「석포제련소 주변지역 환경영향 조사」, 2006, 345쪽.

조사 구역	오염 특성	기여도(%)	
		대책 기준 초과 지역	우려 기준 초과 지역
A 구역	아연복합오염	83.3	40.7
	비소오염	6.8	6.8
B 구역	아연복합오염	79.9	50.5
	비소오염	–	1.8
C 구역	아연복합오염	42.1	28.5
	비소오염	3.9	3.9
D 구역	아연복합오염	. –	–
	비소오염	0.4	–
E 구역	아연복합오염	83.1	70.0
	비소오염	1.2	–
F 구역	아연복합오염	–	–
	비소오염	–	2.9
G 구역	아연복합오염	–	–
	비소오염	–	0.3

[표 2] 제련소 반경 이격 거리별 기여도
  * 출처: 한국환경공단(2017년 10월), 정의당 이정미 국회의원 제출 자료

| 제련소 반경 이격 거리 | 오염 특성 | 기여도(%) | | 구역 |
		대책 기준 초과 지역	우려 기준 초과 지역	
~1.5km	아연복합오염	79.9	50.5	B
	비소오염	–	1.8	
1.5~3km	아연복합오염	41.8	23.1	A, C, D
	비소오염	3.7	3.6	
3~4km	아연복합오염	27.7	23.3	E, F, G
	비소오염	0.4	1.1	

사라진 정밀조사 예산 42억 5천만 원

2017년 7월 안동호 상류에서 물고기 1만 7천여 마리가 떼죽음을 당했다. 영풍석포제련소 중금속에 의한 것이 아니냐는 의혹이 제기되었지만 뚜렷한 인과관계가 밝혀지지 않았다. 환경부와 여당은 정밀조사를 위해서 2018년 예산 42억 5천만 원(하천 퇴적물 조사 23.2억 원, 수생태 조사 총 9.4억 원, 폐광산 조사 9억 원, 안동댐 상류 환경관리 협의회 운영비 1억 원)을 책정했다. 안동호를 식수원으로 하는 주민들의 건강을 위해 반드시 필요한 정밀조사였다. 국회 환경노동위원회에서는 정밀조사를 위한 예산이 통과되었지만, 예산결산위원회에서 전액 삭감되었다. 삭감된 정확한

그린 챌린지: 한국환경보고서 2018

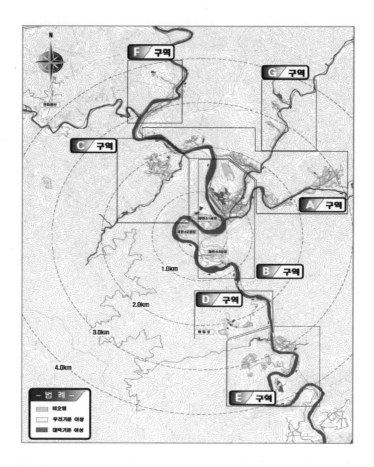

출처: 환경부, 석포제련소 주변 오염토양 조사구역 구분도, 「석포제련소 주변지역 환경영향 조사」, 2006.

이유는 알 수 없지만 영풍석포제련소의 로비에 의한 것이 아니냐는 의혹이 제기되고 있다.

환경부는 뒤늦게 여러 가지 대책을 내고 있지만 부실하기

영풍석포제련소 전경. 드론 촬영. ⓒ정인철

짝이 없다. 석포제련소 직하류 지점 2개소에 수질측정망을 운영
하겠다고 한다. 수질측정망은 상류와 하류에 설치해서 수치를 비
교해야 하지만, 상류에는 설치하지 않고 하류 5킬로미터, 10킬로
미터 지점에만 설치했다. 산림청 역시 식생조사를 하겠다고 밝
히고 있으나 조사 면적은 피해 범위에 비하면 극히 일부이다.

영풍석포제련소에 대한 재조사와 사회적 책임을 물어야

지난 40년간 제련소의 불법 운영과 환경오염에 침묵하던 경상북
도가, 낙동강에 불소 등 수질오염물질을 허용 기준 이상으로 배
출하고 폐수를 무단 방류한 영풍석포제련소에게 조업 정지 20일
등의 행정처분을 3월 19일 예고할 예정이다.

그린 챌린지: 한국환경보고서 2018

영풍은 행정처분 취소 소송을 제기할 것이고, 소송에 질 것이라는 우려의 목소리가 크다. 지난 3월 13일 비소와 납 등으로 오염된 사업장을 정화하라는 봉화군의 명령을 2년간 이행하지 않고, 정화 기간을 추가로 2년 연장해 달라는 제련소의 행정소송에서 법원은 기업의 손을 들어주었기 때문이다.

5개월 간의 진통 끝에, 지난 3월 14일 주민과 제련소, 정부, 전문가 등이 참여하는 '안동댐 상류 환경관리 협의회'가 출범했다. 그러나 조사 연구 예산이 충분히 확보되지 않았으며, 제련소 사장은 하천 오염에 대해 책임이 없다고 주장해 '협의회'의 운영이 쉽지 않을 것으로 보인다.

영풍석포제련소의 환경오염 실태를 재조사하고, 책임을 물어야 한다. 그리고 주민의 건강권을 지켜야 한다. 이를 위해서는 '영풍문고'로 그린워싱(Green washing)된 영풍그룹의 실체를 알려야 한다. 그리고 감사원 감사를 통해서 환경부와 지자체의 특혜가 어떻게 이루어졌는지 밝혀야 한다.

분단국가이고 징병제가 존재하는
한국 사회에서 군사기지와
이웃하여 산다는 것은 어떤 의미일까.
새로운 군사기지가 들어서고
또 오래된 기지가 반환되면서
사회적 갈등은 반복되어 왔다.
알 권리 · 안전할 권리에 대한 제약,
환경오염 피해, 주거 공간의 위협 같은
정의롭지 못한 일들은
약자나 주변부의 몫이다.

8

사드 부지 환경영향평가 편법 처리와 미군기지 오염 정보 공개

신수연 녹색연합 평화생태팀장

그린 챌린지: 한국환경보고서 2018

한 방에 세 명이 있다가 한 명이 죽었다. 살아 있는 두 명은 서로 상대방을 범인으로 지목한다. 이 희대의 공방은 가해자를 특정하지 못한 채 유야무야된다. 둘 중 한 명은 무죄 판결을 받았고, 다른 한 명은 도망치듯 미국으로 떠났다. 1997년, 한국 대학생인 조중필 씨는 이태원 햄버거 가게에서 미 군속(미군 부대에서 근무하는 미국 국적 민간인) 자녀에게 살해당한다. 수사 당국이 적극적인 처벌 의지를 보이지 않는 사이 용의자가 사라진 이 사건은 '이태원 살인 사건'으로 영화화되고, 언론에 집중을 받는다. 이후 용의자 패터슨은 결국 한국으로 송환되어 대법원의 20년 형 확정 판결(2017. 1)을 받는다.

2017년 7월, 새벽에 내린 폭우로 평택 서탄면 장등리 일대가 침수된다. 피해 주민들은 이 침수 사고가 천재(天災)가 아니라 미군기지 때문이라고 한다. 예전에는 철조망만 있어서 빗물이 빠져나갔는데, 최근 미군기지를 에워싼 콘크리트 장벽이 세워지면서 빗물이 빠지지 못했다는 것이다. 미군기지 경계 부지에는 5,629미터의 철근 콘크리트 장벽이 세워지고 19개 감시 타워가 설치되어 있다.

2017년 11월, 경기도 포천시 한 민가에서 탄두가 발견된다. 그 마을은 인근에 미 8군 로드리게스 사격장(영평사격장)이 있어 도비탄(跳飛彈, 딱딱한 물체에 튕겨져 나온 탄) 사고가 종종 발생하는 곳이다. 이번에 발견된 탄두는 50㎜ 기관총의 유탄(流彈, 조준한 곳에 맞지 않고 빗나간 탄)인 것이 확인되어 주민들은 충격을 받았다.

최근 1년 사이 발생한 세 사건은 모두 우리에게 비슷한 질문을 던진다. 세 명만 있던 공간에서 발생한 살해 사건의 유죄 입증이 어렵지 않았을 텐데, 사건 해결에 20여 년이 걸릴 만큼 지지부진했던 이유는 무엇 때문인가. 주거 지역과 접해 있는 미군기지에 길이 5킬로미터가 넘는 콘크리트 장벽을 세우면서 왜 주변에 미칠 환경영향을 평가하지 않았는가. 지붕이 뚫리고 창문이 깨진 오발(誤發) 사고를 경험한 주민들의 불안함은 어떻게 해소될 것인가. 우편번호 96205, 행정 주소는 캘리포니아 주로 되어 있는 주한 미군기지. 한국은 세계에서 세 번째로 미군기지가 많이 주둔하고 있는 나라이다.

빌려줄 때와 돌려받을 때

미군기지, 치외법권인 이 기묘한 공간의 경계 내외에서 '한미동맹'은 모든 논쟁의 '기원'이자 논쟁을 일축시키는 '해법'이다. 남북 관계가 대화 국면일 때 '할 말은 하는 동맹 관계'가 논의되지만, 군사적 긴장이 격화될 때는 '굳건한 한미동맹'만이 대안이 된다. 문재인 대통령은 경제 제재와 군사력으로 북한을 압박하는 미국의 대북 정책 기조에 발맞추면서도 다른 한 편으로는 "EU처럼 동북아 전체가 경제적 공동체, 다자적 안보협력체가 되어야 남북이 근원적, 항구적으로 평화체제가 될 수 있다"[3]는 속내를 드러낸 바 있다.

데이비드 바인 교수는 해외에 대규모 기지와 병력을 유지하는 게 평화를 유지하고 미국과 세계를 더 안전하고 안정되게 만든다고 주장하는 이들에게 "증명해 보라"는 질문을 던진다.[4] 대규모 기지 건설과 운용으로 인한 사회적 갈등, 환경 파괴, 긴장의 격화, 군비 증강의 움직임은 세계 곳곳에서 '실체'로 확인되고 있지만, 전쟁을 억제하고 평화를 유지하는 효과를 확인하는 것은 어렵기 때문이다.

미군에게 새로운 땅을 빌려줄 때와 사용했던 땅을 돌려받

그린 챌린지: 한국환경보고서 2018

3 뉴욕 순방 기자회견. 2017. 9. 22.

4 "미군이 북한의 남한 공격을 억지하고 동아시아의 평화를 유지했다고 주장한다. 그럴 수도 있다. 하지만 미군의 한국 주둔 때문에 끝난 적이 없는 전쟁과 갈등이 계속되고 있다고 주장할 수도 있으며 (……) 북한의 관점에서 보면 세계 최강의 군대를 코앞에 두고 있는 것이기 때문에 갈등을 완화하기 위해 노력하기보다는 자국의 군사력—과 핵 역량—을 증강하는 게 타당하다." 데이비드 바인, 『기지국가(Base Naion)』, 갈마바람, 2017, 440~441쪽.

사드 배치 반대 집회. ©녹색연합

을 때마다 반복되는 갈등이 있다. 군사적 긴장이 고조되면 미군 기지로 인한 주민들의 피해, 환경법과 제도는 실종되고, 엉뚱한 프레임이 씌워진다. 미군의 전략무기인 사드(THAAD · 고고도미 사일방어체계) 부지 환경영향평가 건과 부평 · 용산 미군기지 내 환경오염 정보 공개 건은 작년 한 해 우리 사회를 비집고 헤집었다.

'절차적 정당성'이라는 알리바이

문재인 대통령은 사드 배치와 관련하여 국내법 절차에 따라 환경영향평가를 실시해야 하고, 환경영향평가가 끝나기 전에는 사드를 배치하지 않겠다고 약속한 바 있다. 절차적 정당성 여부, 사드 무용(無用)론, 한미 당국의 이면 합의설, 환경 위해성, 주변 국가의 반발 등 사드를 둘러싸고 국내·외 갈등이 최고조에 이르던 시기였고 공론 과정이 없던 상황이었다. 주민들과 각계의 반대 활동, 중국과 러시아의 반발이 거셌다. 주변 국가들은 사드와 더불어 반입되는 X-밴드 레이더가 핵미사일 같은 무기에 대응하는 '전략 자산'으로 동아시아의 역학 관계와 정세에 중차대한 영향을 미치게 될 것이라 경고했다.

"미국과 사드 배치 요청(request)도, 협의(consultation)도, 결정(decision)된 것도 없다"며 3NO 입장을 고수하던 국방부는 돌연 사드 배치 관련 협의를 개시(2016. 2. 7)하겠다더니 5개월 만에 경상북도 성주 지역을 사드 배치 부지로 지정했다. 그리고 박근혜 대통령 탄핵, 조기 대선으로 이어지는 권력 공백기에 김관진 전 청와대 국가안보실장은 서둘러 사드를 배치한다.

문재인 대통령은 집권 초기, 성주에 배치된 사드 발사대 2기 외에 발사대 4기가 비공개로 한국에 추가로 반입되어 보관되어 있다는 보고에 격노하며, 해당 경위를 파악할 것과 전략환경영향평가 회피 의혹에 대한 진상조사를 지시했다. 이런 와중에 국방부가 미군측에 전체 공여할 부지 70만㎡를 2단계로 나누어 1단계 공여 부지를 33만㎡ 미만으로 지정함으로써 소규모 환경영향평가[5]만 받는 방식을 계획했다는 점도 밝혀졌다. '부지 쪼개기'로

5　소규모 환경영향평가는 사업 부지가 33만㎡ 미만 면적인 곳에 실시

그린 챌린지: 한국환경보고서 2018

사드 발사대 4기 배치가 강행되던 날(2017. 9. 7) 성주 소성리 주민·단체 활동가들의 기자회견 모습. ⓒ사드저지전국행동

환경영향평가를 피해 가려는 꼼수였다.

국방시설사업법상 외국 군대의 시설은 '국방군사시설'에 속하며, 국방군사시설은 환경영향평가 대상 사업이다. 환경영향평가는 사업 계획과 해당 사업이 환경에 미치는 영향을 미리 예측하고 평가하여 환경 보전 방안 등을 마련하기 위한 것이다. 법률에 따라 해당 계획 확정 및 승인 전, 즉 '사전'에 실시해야 한다. 사드 배치 전, 부지에 대한 환경영향평가는 법적으로 필요한 절차일 뿐만 아니라 사드 최종 배치까지 시간을 확보하면서 정

하는 약식 환경영향평가로 주민설명회, 공청회가 필수적이지 않다.

부 협상력을 높이기 위해서도 필요한 조치였다. 그러나 문재인 정부는 북한이 대륙간탄도미사일(ICBM)을 발사하자, 안보 상황을 이유로 환경영향평가에 대한 기존의 입장을 번복하고, 사드 발사대 4기 배치를 강행한다. 사드 발사대 4기는 국방부가 국내에 반입된 사실을 보고하지 않아서 격노했던 그 발사대였다. 환경영향평가는 사업 승인 전, 즉 사드 배치 전에 이루어져야 하는 일이므로, 사드 배치 후 "사드 배치는 확정된 것이지만 환경영향평가는 철저히 하겠다"는 말은 그 자체로 궤변이다.

국방부의 '부지 쪼개기' 꼼수도 용인되어 사드 부지에 소규모와 일반 환경영향평가가 각각 진행되는 불법 상황이 벌어졌다. 사드 소규모 환경영향평가서도 3급 군사비밀 문서 처리됐다. 성주 주민들의 최대 우려 사항이었던 전자파와 소음을 측정할 때도 거리 정보 외에는 레이더 출력과 주파수 정보를 공개하지 않았다. 주민의 안전과 건강에 대한 정보, 검증 보고서 모두 공개되지 않았다. 사드 환경영향평가에 대한 주민설명회, 공청회도 없었다. 지금도 성주 사드 부지는 '선 사드 배치, 후 환경영향평가' 상황이다. 사드 부지 환경영향평가는 정부의 '절차적 정당성'이라는 알리바이로 악용되었을 뿐이다.

부평 · 용산 미군기지 내 환경오염 정보, 뚜껑을 열다

정부는 최근 이례적으로 부평 미군기지 환경오염 정보를 공개했

그린 챌린지: 한국환경보고서 2018

다.(2017. 10. 27) 미군측과 협의를 통해 반환 협상 중인 기지 내부의 오염 정보를 공개한 것은 처음 있는 일이다. 이어 용산 미군기지 내 환경조사 자료도 공개했다.(2017. 11. 29) 사실 국민의 알 권리와 안전을 위해 오염 정보를 공개하는 것은 지극히 당연한 일이다. 이 당연한 정보를 확인하기까지 주민들과 시민단체 활동가들은 오랫동안 미군기지 감시 활동, 직접 행동, 정보 공개 소송[6]을 해왔고 이러한 활동이 누적되어 정부의 태도를 변화시켰을 것이다.

다이옥신으로 오염된 부평 미군기지

정보는 공개됐지만 각각의 자료를 살펴보면 한계와 과제는 여전히 남아 있다. 부평 미군기지(캠프마켓)는 다이옥신류·유류·중금속 등의 복합적인 토양오염이 심각했다. 다이옥신류는 총 33개 조사 지점 중 7개 조사 지점의 토양 시료에서 1,000pg-TEQ/g[7]

---

6   법원은 미군기지 환경오염 정보 공개 소송에서 매번 공개 취지의 판결을 내렸고, "주한미군측이 정보 공개를 반대한다고 하더라도 양국 간 신뢰 관계가 훼손될 것이라고 보기 어렵고, 비공개 결정이 오히려 국민의 주한미군에 대한 불신을 초래할 우려가 있고, 객관적 지표들은 공개되어 국민의 우려를 불식시키고 공론의 장에서 논의되는 과정 자체가 실질적으로 국익에 도움이 될 수 있다"고 판시했다.

7   한국은 토양 내 다이옥신 기준치가 없어 일본 기준인 1,000pq-TEQ/g을 적용하였다.

을 초과하였고, 최고 농도는 10,347pg-TEQ/g이었다. 주거 지역 한가운데에 위치한 미군기지에서 인류가 만든 최악의 맹독성 물질인 다이옥신이 확인된 것은 충격적이다. 인천녹색연합은 성명서를 통해 "부평 미군기지 DRMO[8]는 여타 미군기지와는 차원이 다른 환경오염의 끝장판임이 확인된 것"이라며 "환경부는 즉각 위해성평가보고서 전체를 공개[9]해야 하며, 미군기지 환경 문제에 대해서도 오염자 부담의 원칙을 적용하여 미군측에 오염 정화를 요청해야 한다"고 주장했다.

부평 기지가 다이옥신 등의 복합 오염 상태라는 것은 충분히 예견 가능한 것이었다. 과거 미군들이 부평 DRMO에서 처리한 폐기물에 대한 기록, 고엽제 매립에 대한 증언이 있었고, 기지 주변 환경 조사에서 이미 다이옥신이 수차례 검출되었다. 토양환경보전법에 다이옥신에 대한 허용 기준치도 없고, 정화 방법에 대한 지침도 부재한 상황에서 부평 기지 주변과 내부를 조사할 때 다이옥신 항목이 포함된 이유는 지역 시민단체들이 과거 미군 기록과 증언 등을 근거로 열심히 싸웠기 때문이다.

부평 미군기지 주변을 조사하고, 반환 협상을 위한 위해성평가보고서를 작성했던 정부는 이미 오래전부터 기지 오염 상태를 다 알고 있었다. 그렇다면 정부는 그동안 어떤 준비를 했는지 자못

8 부평 미군기지 캠프마켓 내에는 주한미군의 기계와 차량 등을 재활용하고 각종 폐기물을 처리하는 DRMO(Defense Reutilization and Marketing Office · 미군물자재활용유통사업소, 약 11만㎡)가 있다.

9 부평 미군기지의 경우, 한미 당국이 반환 협상에서 사용하는 자료인 '부평 미군기지 환경오염조사 및 위해성평가보고서' 중 환경오염 부분만 공개됐다. 환경부는 각종 오염물질이 인체에 미치는 발암위해도 등이 담긴 위해성평가 자료는 미군측이 동의하지 않아 공개하지 못했다고 밝혔다.

그린 챌린지: 한국환경보고서 2018

부평 미군기지 오염에 항의하는 퍼포먼스. ⓒ인천녹색연합

궁금하다. 군사기지 용도별 오염물질이 다양하지만 이에 대한 정화 기준, 위해 기준, 복원 방법에 대한 연구는 부족한 상태이다. 부평 미군기지 주변 주민들의 건강영향조사가 필요하며 오염 토양의 반출 처리 문제도 급한 상황이다. 정부는 위해성평가 결과까지 공개하고 반환 협상에서 미군에 정화 책임을 요구해야 한다.

발암물질 벤젠으로 오염된 용산 미군기지

부평에 이어 정부는 용산 미군기지 내부 오염원에 대한 2·3차 조사 자료를 공개하였다. 용산 기지는 녹사평역 일대 기지 내·외부의 지하수 관정을 조사한 것이다. 자료를 보면 조사 관정의 절반 이상에서 오염물질의 허용 기준치보다 높은 수치를 나타냈다. 벤젠은 1차 조사보다 각각 기준치의 550배, 671배를 초과하여 고농도로 검출되었다. 기준치를 언급하는 게 무의미하다. 벤젠은 흡입, 경구 등 모든 경로의 노출에서 발암성을 갖는 1군 발암물질이다. 혈액암, 백혈병 등을 일으키며 생식독성과 기형을 유발하는 물질이기도 하다. 벤젠뿐만 아니라 인체 유해한 물질인 석유계총탄화수소, 톨루엔, 에틸벤젠, 크실렌 항목도 허용 기준치를 훌쩍 넘겼다. 하지만 공개된 용산 기지 내부 지하수 자료는 수치만 존재한다. 3차 조사(2016. 8) 이후 15개월이 지났지만 조사에 대한 기본적인 분석, 조치 방안 등은 전혀 담겨 있지 않다. 용산 기지의 경우 3차례에 걸쳐 진행된 기지 내부 조사 결과

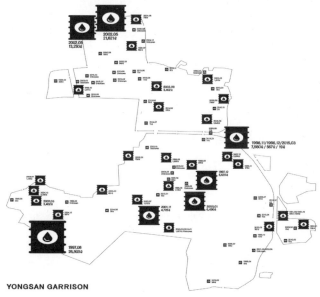

YONGSAN GARRISON

(위) 용산 미군기지 환경오염 정보 공개 요구 퍼포먼스. ©녹색연합
(아래) 녹색연합, 민변, 용산 주민모임은 미국 정보자유법(FOIA)을 통해 입수한
자료를 통해서 용산 기지 전역에서 무려 84건의 유류 유출 사고가 발생한 것을
확인하였다. ©녹색연합

에 대한 최종보고서와 한미 당국의 입장, 정화 계획과 책임 소재를 밝혀야 한다. 녹사평역 주변 200미터 지점에 한정하여 지하수만 조사했기 때문에 기지 전체의 토양지하수에 대한 오염 조사도 필요하다.

미국의 군사적 요충지인 오키나와는 일본 국토 면적의 0.6%에 불과하지만 주일 미군기지의 74%가 주둔해 있다. 소음, 헬기 추락사고, 범죄, 환경오염, 해양 매립 등 미군기지로 인한 온갖 문제가 다 발생한다. 한겨레에서 후텐마기지폭음소송단 사무국장을 맡고 있는 평화운동가 다카하시 도키오를 인터뷰한 적이 있다.[10]

매일 정문과 후문에서 평화운동가 10여 명이 시위를 벌이고 있다. 그에게 조심스럽게 물었다.

"운동하신 지 얼마나 되셨죠?"

"35년요."

"가장 인상적인 변화는 무엇입니까?"

"아무것도 변하지 않은 것이죠."

선문답 같은 그의 말과는 달리, 다카하시가 이끈 평화운동은 후텐마 기지 이전 약속을 이끌었고, 미군기지에서 발생하는 소음(폭음) 소송을 승리했다. 가데나 공군기지에서 민간인 지역에 가까운 쪽에

10 "후텐마기지가 그렇게 좋으면 도쿄로 가져가라", 한겨레 토요판 르포, 2012. 12. 7.

전투기가 날지 않는 것도 모두 이들의 공이라 해도 과언이 아니다.

법과 제도로부터 보호받지 못하고 침묵을 강요당하는 사람들에게는 최전선에 서서 목소리를 내는 것 자체가 의미이고 변화일 수 있다. 분단국가이고 징병제가 존재하는 한국 사회에서 군사기지와 이웃하여 산다는 것은 어떤 의미일까. 새로운 군사기지가 들어서고 또 오래된 기지가 반환되면서 사회적 갈등은 반복되어 왔다. 알 권리·안전할 권리에 대한 제약, 환경오염 피해, 주거 공간의 위협 같은 정의롭지 못한 일들은 약자나 주변부의 몫이다.

우리는 그 '어찌할 수 없는' 사건들에 대해 확인하고, 기록하고, 항의할 수 있다. 한계가 있지만 정보공개청구를 하거나 소송을 하고, 피해를 직접 입었을 경우 외교부 산하에 있는 주한미군 피해신고센터에 법률 자문과 배상·구제 절차를 확인할 수 있다. 오염자 부담의 원칙이 무너지고, 환경 문제가 국가 간 정치적 이해관계로 변질되고 있는 상황에서 제일 빠른 문제 해결은 SOFA(주둔군지위협정)와 같은 협정을 통해 환경 기준과 비용 부담 주체 등을 분명히 하는 것이다. 미국과 SOFA를 맺고 있는 나라들이 연대해 환경에 관한 규정을 정비하여 공동협정을 맺을 수도 있을 것이다. 한국인의 압도적 다수가 열망하는 평화를 위해, 군사기지로 인한 자원 낭비·환경 파괴를 막기 위해 이제는 평화 군축 및 환경 단체의 이야기에 우리 모두 귀기울여야 할 때가 되지 않았을까.

문제는 한국이다.
한국은 세계 7위의 온실가스 배출국임에도
불구하고 이제까지
국제 사회의 주목 대상이 아니었다.
역대 정부들은 선진국과 개도국 사이의
'가교론'을 말하며 실제
온실가스 감축 노력은 극히 소홀히 했다.
기후변화대응지수(CCPI) 2018 보고서에
따르면, 한국은 세계에서 58위로
'매우 부족' 평가를 받았다.

9

트럼프 이후 국제 기후 체제의 전망

김현우 에너지기후정책연구소 연구부소장

　　도널드 트럼프의 미국 대통령 당선은 유엔 주도의 기후변화 대응 체제에도 큰 충격을 주었다. 2016년 11월 트럼프의 당선이 확정된 바로 그때, 모로코의 마라케시에서는 기후변화에 관한 제22차 유엔 당사국총회(COP22)가 열리고 있었다. 이 총회는 한 해 전 타결된 파리협정이 국제적으로 효력을 갖게 된 것을 축하하고 앞으로의 수순을 정리하는 비교적 순탄한 회의가 될 것으로 예상되었다. 그러나 트럼프의 당선 소식에 총회는 당황스러운 분위기로 변했다. 1997년 유엔의 우산 아래서 온실가스 감축 목표와 방법을 정한 틀거리인 교토의정서가 채택되었지만, 2001년에 아들 조지 부시가 당선되자마자 미국이 자국 산업 사정을 이유로 탈퇴를 결정하면서 의정서가 무력화되었던 아픈 기억이 환기되었기 때문이다. 유엔의 기후변화 체제가 IPCC(기후변화에 관한 국제 패널)의 권고안 또는 그보다 적극적인 수준으로 세계 온실가스 감축을 이뤄낼 수 있을지는 사실 회의적이다. 유엔환경계획(UNEP)이 각 국가가 제출한 온실가스 자발적 감축 기여 목표(NDC)를 합산해 분석한 결과를 보면 지구의 온도 상승은 2℃를 훨씬 초과해 3℃ 내외에 이를 전망이다. 하지만 트럼프의 당선으로 인해 유엔 기후변화 체제 자체가 다시 무력화된다면 어디서 다시 시작할 수 있을지조차 불투명하게 될 것이다.

실제로 트럼프 대통령은 기후변화를 심각하게 받아들이지 않고 화석연료 개발을 적극적으로 옹호하고 있는데, 그의 유명한 트윗 행동들에서도 잘 나타난다. 지구온난화 개념이 미국 제조업의 경쟁력을 약화시키기 위해 중국이 만들어낸 것이라거나, 지구온난화 사기꾼들이 모든 날씨 변동을 활용해서 세금을 뜯어내고 돈을 벌고 있다는 비난들이 그것이다. 결국 그는 당선 후 몇 달이 지나지 않아 미국의 파리협정 탈퇴를 공언했고, 오바마 전 대통령이 공을 들여 만들어두었던 청정전력계획(Clean Power Plan)마저 2017년 10월 폐기하기로 했다. 이로써 2030년까지 미국 내 발전소의 탄소배출량을 2005년 대비 32% 줄인다는 계획은 시행 2년 만에 백지화되었고 신재생에너지에 대한 세제 지원도 중단될 전망이다.

이처럼 트럼프의 기후 만행이 거침없어 보이지만, 국제적으로든 미국 내에서든 기후체제를 구성하는 많은 행위자들과 조건들이 있기 때문에 트럼프의 마음대로 되는 것만은 아니다. 트럼

프 시대의 국제 기후체제가 갖게 될 몇 가지 그림을 예상해 본다.[1]

국제 기후 레짐의 전망

첫째, 파리협정이 더 느슨한 내용과 방식으로 유지되는 것이다. 현재 전 세계 온실가스 배출 총량은 배출 순위 2위인 미국이 16%가량, 그리고 1위인 중국이 25%가량을 차지한다. 미국이 공식적으로 파리협정을 탈퇴하거나 명목상으론 협정 내에 머무르더라도 실제로 NDC(온실가스 감축 목표)를 이행하지 않게 된다면 온실가스 배출량 감축에 대한 제어력은 크게 상실될 것이다. 유엔 하의 기후체제 자체에, 즉 소수 국가들이 주도하는 감축 방식과 시장 의존 해결 방식의 효용성에 근본적으로 문제가 제기될 수도 있다.

둘째, 파리협정이 무력화되더라도 국제협약 방식의 수단이 모두 쓸모없게 되지는 않을 테지만, 큰 지역 범위의 기후협약이 더 유효하게 작동하게 될 수도 있다. 유럽연합이나 중남미 국가들, 아프리카와 도서국 등 환경 취약국끼리의 기후협약이 활성화되고 그 작용으로 미국과 같이 기후변화 대응에 비협조적인 국가들을 압박하는 방법도 있다. 이는 무역 장벽과 외교적 압력 등 다양한 방식이 가능하다. 물론 실효성을 가지려면 여러 조건이 맞아야 한다. 유럽의 경우 영국의 브렉시트 결정으로 유럽연합 차원의 대응 구상이 어려워진 측면이 있다.

그린 챌린지: 한국환경보고서 2018

---

1   김현우, "트럼프 시대, 캘리포니아 '독립' 시나리오", 《프레시안》, 2016. 11. 14.

셋째, 재생 가능 에너지를 포함한 에너지 관련 시장이 기후 변화 대응에서 오히려 힘을 발휘할 수도 있다. 당장은 트럼프와 공화당의 화석 에너지 선호가 염려되는 분위기지만, 재생 가능 에너지 시장이 미국 내에서도 어느 정도 자생력과 동력을 확보하고 있고, 셰일 에너지의 조건도 마냥 좋은 것이 아니기 때문이다.

넷째, 기후정의 운동과 에너지 민주주의 운동이 더욱 성장할 수도 있다. 유엔도 못 믿겠고 트럼프도 못 믿겠으니 사회운동의 강력한 투쟁에서 희망을 찾아야 한다는 목소리가 나올 수 있다. 오바마 행정부 하에서도 진통을 겪어온 북미의 키스톤 XL 원유파이프라인 건설 재개를 둘러싼 갈등이 대표적이겠지만, 극단적 기후 현상과 에너지 문제를 체감하고 있는 세계 여러 지역에서 크고 작은 투쟁들이 빈발할 가능성이 높다.

다섯째, 유엔과 정부에 의지할 수 없다면 기후 위기를 극복하기 위한 지역과 부문 수준의 노력이 더욱 활발해질 수 있다. 실제로 이러한 상황은 위기이자 동시에 기회로 작용할 수 있다.

지역과 산업의 자발적 대응 행동

미국의 소설가 어니스트 칼렌바크는 1975년의 「에코토피아」와 1981년의 「에코토피아 비긴스」라는 소설에서 미국 북서부의 캘리포니아, 워싱턴, 오리건 주가 미 연방에서 탈퇴하여 에너지 독립과 생태적 민주주의를 구현하는 독자적 국가를 꾸린다는 가상의 미래를 그려내어 주목을 받았다. 아니나 다를까, 트럼프의 당선에 경악한 캘리포니아의 민주당 지지자들 사이에서 '칼렉시트(Calexit)' 즉 캘리포니아 주의 독립이 진지하게 제안되기도 했다. 그리고 실제로 캘리포니아 등 미국의 여러 주 정부와 지역들이 트럼프의 기후 만행을 비웃기라도 하듯 에너지 전환 행동을 이어가고 있다. 트럼프가 당선됐을 때, 캘리포니아 주정부는 2030년까지 탄소 배출을 1990년보다 40% 낮추고 2050년까지 80%를 감축한다는 새 전략을 준비했다. 이에 앞서 미국 온실가스 배출의 10%를 차지하는 캘리포니아 주와 뉴욕 주, 워싱턴 주는 미국 기후연합체 결성을 발표했다.

미국의 기업들에게도 대세는 배출 감축과 에너지 전환이다. 트럼프가 청정전력계획을 폐지하고 화석연료를 지원하겠다는 뜻을 밝혔지만 미국의 에너지 업계는 오히려 석탄화력발전을 계속 줄이는 추세다. 미국 에너지정보청은 미국 내의 9만MW 규모의 석탄화력이 2014~2040년 사이에 퇴출될 것으로 전망하고 있고, 기존 발전사들은 석탄화력발전 신설 계획이 전혀 없다고 밝히면서 천연가스 발전과 재생에너지 포트폴리오 확대에 관심을 기울이고 있다.

많은 민간 기업들이 탄소 발자국을 줄이기 위한 약속에 동참하고 있고, 테슬라 같은 전기차 제조사가 에너지 전환의 첨병으로 혁신적 실험들을 이끌고 있다. 특히 인텔, 애플, 아마존, 구글, 마이크로소프트 등 IT 기업들은 탄소 감축 전략이 재생에너

그린 헬린저: 한국환경보고서 2018

지에 대한 투자를 늘리고 미국의 경쟁력 향상과 일자리 창출에 기여할 것으로 보고 이에 맞춰 기업 전략을 세우고 있다.

미국 내의 이러한 상황은 독일 본에서 열린 23차 기후변화 당사국총회 안팎에서도 재연되었다. 미국 정부는 총회장에 소규모 대표단을 보냈을 뿐, 공식 전시관을 개설하지도 않아서 눈총을 받았다. 하지만 제리 브라운 캘리포니아 주지사와 마이클 블룸버그 전 뉴욕 시장 등이 주도하고 20개 주정부, 50개 이상의 시정부, 60개 이상의 대기업이 함께 연합하여 "미국의 약속: 우리는 여전히 약속을 지킨다(We Are Still In)"는 문구를 내걸고 '미국기후행동센터'란 이름의 비공식 미국관을 개설했다. 파리 기후협정 체결 2주년을 맞아 열린 기념행사에서 전 캘리포니아 주지사이기도 한 영화배우 아널드 슈워제네거는 "트럼프가 파리 기후협정에서 빠진 것은 중요하지 않다. 왜냐면 민간 분야, 지방정부, 대학들이 빠지지 않았기 때문이다. 걱정할 것 없다"라고 말했다.

중국 변수

이러는 동안 국제 기후협상의 주도력은 프랑스와 중국에게 시나브로 넘어가고 있는 분위기다. 유럽에서는 프랑스의 에마뉘엘 마크롱 대통령이 기후 대응에 적극적인 반면, 탈핵-에너지 전환을 선도해 온 독일은 석탄발전을 쉬이 포기하지 못하여 영국, 캐나다, 프랑스 등 19개 국가와 앨버타 등 6개의 지방정부가 동참한 '탈석탄 동맹'에 미온적인 태도를 보이고 있기 때문이다. 물론 핵에너지 퇴출 문제를 둘러싸고 프랑스도 이미 시험대에 올라 있기 때문에 이 역시 국제 에너지 정치와 체제에서 계속 중요한 이슈가 될 것이다.

한편 중국은 자국 내의 오염 저감 요구와 녹색 경제 드라이브 그리고 미국과의 경쟁 관계 속에서 국제 기후체제에서 독특한 위치에 올라서고 있다. 중국을 대표하여 COP22에 참석한 중국기후변화사무특별대표 시에젠화는 중국의 기후변화 대응 목표와 정책은 변하지 않을 것이며, 새 미국 행정부의 어떤 변화도 국제 사회가 파리 기후협약을 이행하는 데 영향을 주지 못할 것이라고 강조했다. 교토의정서 당시 감축 의무국이 아니었을뿐더러 개발도상국으로서 경제 발전을 위해 다량의 화석연료는 필수라고 주장했던 중국으로서는 큰 입장 변화가 아닐 수 없다.[2]

하지만 중국이 기후변화 대응에 실제로 성공할 수 있을지는 회의적인 시선도 있다. 중국 지도자들의 공언과 재생가능에너지에 대한 엄청난 투자에도 불구하고, 산업화와 성장의 요구를 떨칠 수 없다는 점, 중앙과 지방 관료 사이의 결탁, 조장된 소비주의, 더욱 확대되는 대규모 화석연료 프로젝트 같은 문제들이 해결될 전망이 없기 때문이다.[3]

2   김남영, "트럼프 충격 이후, 누가 기후변화 선도국?", 《레디앙》, 2016. 11. 18.

3   리처드 스미스, "중국은 기후변화에 대응할 수 있을까", 《녹색평론》 158호, 2018. 1–2월.

그럼에도 중국이 온실가스 배출량과 감축 잠재력 측면에서 너무도 중요한 존재라는 점은 변하지 않는다. 나아가서 기후변화는 국제 정치에서 중국의 위상마저 크게 바꾸어 놓을 것이라는 전망도 있다. 미국의 역사학자 앨프리드 매코이는 최근 저서에서 미국의 세기가 저물고 있음을 진단하면서, 미국과 중국의 지정학적 대결이 기후변화를 배경으로 극적인 시나리오로 전개될 가능성을 점친다. 그에 따르면 2040년이 되면 기후변화로 인한 자연재해가 각국 정부의 기능을 마비시킬 것이고 물과 식량을 둘러싼 투쟁이 격화될 것이다. 북아프리카와 중동 난민들이 유럽으로 몰려들고 유럽은 자신의 안보를 돌보는 데 급급하며, 아프리카와 아시아의 혼란을 감당하지 못하는 미국은 군대를 철수시켜 카리브해와 중미 지역에서 난민을 통제하는 데 바쁠 것이다. 이런 상황에서 새로운 패권 국가가 지구 전체를 관장하기는 어려우며, 미국은 북미에서 라틴아메리카까지 영향력을 유지하겠지만 하와이 바깥을 어찌할 수는 없을 것이다. 그 경우 광활한 유라시아 대륙에 엄청난 인구와 자원을 가진 중국이 통합적 인프라와 금융, 교역 등을 바탕으로 해체되고 있는 지구의 으뜸 국가로 등극하리라는 것이다.[4]

한국의 감축 약속은?

문제는 한국이다. 한국은 세계 7위의 온실가스 배출국임에도 불

---

4   박인규, "미국의 쇠퇴와 그 이후", 《녹색평론》 158호, 2018. 1-2월.

구하고 이제까지 국제 사회의 주목 대상이 아니었다. 역대 정부들은 선진국과 개도국 사이의 '가교론'을 말하며 실제 온실가스 감축 노력은 극히 소홀히 했다.

기후변화대응지수(CCPI) 2018 보고서에 따르면, 한국은 세계에서 58위로 '매우 부족' 평가를 받았다. 이러한 상황에서 한국이 파리 총회를 앞두고 스스로 발표한 2030년까지의 온실가스 감축 목표를 달성할 수 있을지는 의구스럽기만 하다. 게다가 이 감축 목표는 온실가스 배출 전망치(BAU) 자체가 부풀려져 있고, 세부 실행 계획이 극히 부실하다는 비판을 받았다.

전 정부들이 남겨둔 많은 숙제들을 풀어야 하는 문재인 정부는 탈핵-에너지 전환까지 약속하고 이를 구체화하고 있다. 핵발전에 대한 의존을 줄이면서도 미세먼지와 온실가스를 다량 배출하는 석탄화력발전 비중까지 줄이는 일은 결코 만만하지 않다. 이를 위해서는 상당히 혁신적인 에너지 절약과 효율화 정책이 세심하게 짜여져야 하고, 재생가능에너지를 대폭 늘리기 위한 방안도 병행되어야 한다. 2017년 말에 나란히 선을 보인 8차 전력수급기본계획과 "신재생에너지 3020 계획안"이 눈길을 끌었지만, 두 계획 모두 온실가스 감축과 관련된 부분은 가시적으로 포함되지 않았다.

실은 지난 정부에서 작성되었던 "2030 온실가스 감축 로드맵" 자체를 원점에서 재검토하고, 감축 목표량과 감축 전략 및 이를 실현할 세부 정책을 완전히 다시 짜야 하는 상황이다. 그만큼 정부로서도 시간이 필요하지만, 올해 수립될 제3차 에너지 기본계획에는 온실가스 감축 정책이 통합적으로 반영되어야 한다. 어렵더라도 이제는 국제 사회에 떳떳하게 내놓고 스스로 지킬 수 있는 온실가스 감축 목표와 정책을 정직하게 준비할 때다.

우리가 실천할 수 있는 것
- 반려 생활의 시작은 평생 반려의 각오로 계획을 세운 뒤에!
- 동물은 사지 말고 입양하기
- 개를 키우든, 키우지 않든 기본적인 펫티켓 숙지하고 준수하기
- 반려견, 반려묘 건강검진 및 중성화 수술 실천하기

10

반려동물, 반려인과의 관계를 다시 묻다

김현지 동물보호시민단체 카라 정책팀장

"개를 키우는 게 죄입니까?"

개를 키우는 게 죄는 아니다. 하지만 개를 잘못 키우면 죄가 될 수 있다.

보호자는 반려견에 대하여 먹이와 물 공급은 물론 쉴 수 있는 거처를 제공하고 주기적인 산책 등 신체적·정신적 건강 유지를 위해 적절히 돌보아야 하며, 함께 살면서 문제 행동이 발현되지 않도록 교육해야 한다. 개가 아파도 병원에는 절대 가지 않는다든지, 장시간 개를 혼자 내버려둔다든지, 보호자를 물거나 쉽게 흥분하는 개를 별다른 노력 없이 그대로 방치한다든지, 훈련이라는 미명하에 습성에 대한 고려 없이 너무 강압적으로 개를 대한다든지 하면 머지않아 행복한 반려 생활을 가로막는 장애물에 맞닥뜨릴 수 있다.

반려 생활에 보호자와 개 사이에 대한 고려만 있는 것은 아니다. 보호자가 당장 필요성을 느끼지 못하더라도 타인이나 사회적 책임과 공존이란 화두와 연결되기 때문이다. 개를 키움과 동시에 반려동물등록을 해야 하고, 개를 함부로 번식시켜서는 안 되며, 반려견의 건강을 위해서도 중성화 수술은 해주는 것이 모쪼록 바람직하다. 외출 시에는 목줄을 착용시켜 반려견을 항시 보호자 통제하에 둠으로써 돌발 상황에 대비해야 하며, 배변은 반드시 치워야 한다. 반려견 미등록, 외출 시 목줄 미착용, 배변 방치 등은 오래전부터 법적 과태료 부과 대상이었다.[1]

개물림 사고가 2017년처럼 매스컴을 많이 탔던 적은 없을 것이다. 도화선이 된 것은 한 유명 연예인의 개가 어느 대형 음식점 대표를 물었고, 개에 물렸던 음식점 대표가 얼마 뒤 사망에 이른 사건이다. 해당 사건의 중심에 '유명 연예인과 그 개'가 있었기 때문에 뜨거운 주목을 받았다. 소위 '맹견' 스캔들로 인해 증폭된 개에 대한 공포심은 막연한 걱정과 근심을 넘어 혐오로까지 번져, 전국은 순식간에 '도그 포비아'로 뒤덮였다. 안락사 이야기가 나오는가 하면 '모든 개에게' 입마개를 씌울 것이 요구되기도 했다. 입마개는 몇몇 '맹견' 지정 품종에 한하여 착용 의무가 있었던 사항이다.[2] 하지만 어떤 이들은 개를 산책시키는 보

---

1   상향 조정되는 과태료(2018. 3. 22. 시행 예정)

- 동물을 유기한 경우: 1차 100만 원, 2차 200만 원, 3차 300만 원(현행 1차 30만 원/2차 50만 원/3차 100만 원)

- 등록 대상 동물을 등록하지 않은 경우: 1차 20만 원, 2차 40만 원, 3차 60만 원(현행 1차 0원/2차 20만 원/3차 40만 원)

- 목줄 등 안전 조치를 하지 않은 경우: 1차 20만 원, 2차 30만 원, 3차 50만 원(현행 1차 5만 원/2차 7만 원/3차 10만 원)

- 배설물을 수거하지 않은 경우: 1차 5만 원, 2차 7만 원, 3차 10만 원(현행 동일)

2   현행 동물보호법 시행규칙 별표3에 따르면 입마개를 해야 하는 맹견의 종류는 1) 도사견과 그 잡종의 개, 2) 아메리칸 핏불 테리어와 그 잡종

호자를 만나면 '개를 데리고 밖에 나왔네', '입마개를 채우지 않았네' 하며 섣부른 눈총을 주고 손가락질을 하기 시작했다. 보호자들은 밖에 나오기가 부담스러워 개의 산책 횟수를 줄이거나, 개가 누군가를 공격할 만한 리스크가 없어도 눈치가 보여 반려견에게 입마개를 씌웠다.[3]

정부는 소위 '맹견' 지정 품종을 확대하겠다는 의지를 천명했다. 하지만 '모든' 개에게 필수인 동물등록과 같은 기본적인 사항조차도 '맹견' 지정 품종이라 하여 잘 지켜지거나 미등록이 없게끔 관리되던 것이 아니다.[4] 또 번식 제한이라든지 중성화, 반려견 교육과 사회화 등은 '맹견'이든 아니든 이루어지지 않고 있다. 2017년 한국에서 개를 기르고 있는 가구의 비중은 24.1%로 전체의 1/4을 차지한다.[5] 하지만 반려견을 기르는 가구 가운데 동물등록은 33.5%에 불과, 2/3가 등록되지 않은 상태이다.[6] 명확

그린 챌린지: 한국환경보고서 2018

의 개, 3) 아메리칸 스태퍼드셔 테리어와 그 잡종의 개, 4) 스태퍼드셔 불테리어와 그 잡종의 개, 5) 로트와일러와 그 잡종의 개, 6) 그밖에 사람을 공격하여 상해를 입힐 가능성이 높은 개이다.

3 입마개는 반려견의 호흡과 체온 조절 등에 영향을 미칠 수 있다는 점을 알고 사용하여야 하며 착용 시 개가 거부감을 느끼지 않도록 충분한 적응 기간을 두는 것이 좋다.

4 예를 들어 '식용' 개농장에서는 '맹견' 지정 품종인 도사견 등이 관리 부재와 방치 속에 무한 번식되고 있다. 공격성을 발현하도록 훈련되는 사냥개 등 정작 안전사고 위험이 있는 특수목적견에 대한 제도적 장치는 부재한 상황이며 공격성이 중요한 '투견'은 불법이지만 법망을 피해 계속되고 있다.

5 12월 28일 농림축산식품부가 발표한 「2017년 동물보호에 대한 국민의식조사 결과보고서」.

6 펫샵에서는 작고 귀여울 때인 2개월령 혹은 그 미만의 개가 판매되곤 하는데 법적으로 판매 또는 거래할 수 있는 개와 고양이의 최소 연령은 2개월령이다.

한 사유는 알 수 없지만 정부는 동물등록을 '반려 목적'에 한정하여 적용해 왔다. 등록 대상 동물 또한 '3개월령 이상의 개'라고 하여 펫샵 판매 시 의무 등록이 어려운 상태이다. '식용' 개농장의 경우 아예 동물등록의 대상으로 보고 있지 않다.

제반 가정 반려견만 대상으로 한 동물등록 관리도 제대로 이루어지고 있지 않은데, 정부는 개물림 사고에 대한 고민이 있긴 했을까. 정부는 안전사고를 위한 예방적 조치는커녕 개물림 사고의 횟수를 집계하거나 특징적인 양상을 파악하려는 노력을 기울이지 않았다. 이번에 매스컴에서 자주 인용되는 반려견 물림 사고 건수는 한국소비자원에 접수된 사고 건수일 뿐, 사고 장소와 경위, 품종이나 크기 등 사고견에 대한 정보나 피해의 정도, 기타 특징적인 양상 등은 알 수 없는 상태다.[7]

정부는 개의 공격성을 문제 삼았지만 공격성을 개의 '품종' 내지는 '크기'로 정확히 구분할 수는 없다.[8] 일례로 미국의 개물림 사고 통계 상위권에는 '맹견'으로 알려진 품종 이외의 개들이 있으며[9] 최다 사고견은 '맹견'으로 알려진 품종보다 오히려 당해년도 유행 품종과 더 밀접한 상관을 보인다는 연구 결과도 있다.[10] 한편 큰 개가 작은 개보다 공격성이 높은 것처럼 간주되곤

---

7   한국소비자원 위해감시시스템에 접수된 반려견 물림사고 접수 건수는 2011년 245건, 2012년 560건, 2013년 616건, 2014년 676건, 2015년 1,488건, 2016년 1,019건이라고 한다.

8   우리나라를 비롯한 많은 국가들에서 소위 '맹견'을 특정 품종으로 지정해 오고 있긴 하지만 이에 대한 한계 역시 꾸준히 지적돼 개물림 사고 예방에 대한 실효성 논란을 부르고 있는 상황이다.

9   https://www.dogsbite.org/dog-bite-statistics-fatalities-2016.php

10   'Literature Review on the Welfare Implications of The Role of Breed in Dog Bite Risk and Prevention', American Veterinary Medical

하지만, 공격성에 관한 한 작은 개가 큰 개보다 높은 경우도 비일비재하다. 물론 작은 개는 큰 개보다 힘으로 제어하기 쉬운 측면이 있다. 요컨대 품종이나 크기는 개의 공격성을 평가하는 명확한 기준이 될 수 없다. 따지고 보면 모든 개는 잠재적 공격성을 가지고 태어난다. 개는 인류의 가장 오랜 반려동물 종이지만 늑대의 후손이기도 한 것이다.

가장 합리적인 개물림 사고 예방법은 반려견을 언제나 보호자의 통제하에 두도록 하고, 보호자는 개의 공격성 발현이 억제되도록 틈틈이 노력하는 일이다. 반려견에 대한 '사회화' 교육이 필요한데, 개들도 사회에 적응하기 위해 사람, 동물, 환경, 상황 등에 대한 좋은 기억을 필요로 하고 반려견이 세상을 올바르게 이해할 수 있도록 시간과 기회를 주는 일이 중요하다. 하지만 강아지의 사회화 시기에서 가장 중요한 생후 3주에서 12주 사이에 우리나라의 개들은 판매를 위해 격리되고 있다. 일반 가정에서 쉽게 따라할 수 있는 개 사회화 교육을 위한 가이드라인 제공이라든지, 특수한 행동학적 문제가 있는 경우 좀 더 전문적인 상담을 받을 수 있는 기회 제공 인프라가 필요하다.

또한 실효성 있는 개물림 사고 예방책의 핵심은 보호자와 일반 시민 모두에 해당되는 가장 기초적인 '펫티켓'[11] 준수이다. 반려인은 ▲ 외출 시 목줄을 반드시 사용하도록 하고 ▲ 공공장소에서는 2미터 이내로 산책줄을 짧게 사용해야 하며 ▲ 늘 배변봉투를 챙겨야 한다. ▲ 반려견이 불안해하거나 흥분하면 조

그린 챌린저: 한국환경보고서 2018

Association'(May 15, 2014).

11 '펫(Pet)'과 '에티켓(Etiquette)'을 조합한 용어. 자세한 내용은 https://ekara.org/activity/kara/read/9347 참조.

용하고 안전한 장소로 이동하는 것이 좋고 ▲ 다른 개나 사람과 접촉할 시에도 상대견 보호자의 동의를 먼저 구하는 게 순서다. 두말할 나위 없이 ▲ 동물등록도 필수다.

펫티켓은 보호자뿐만 아니라 일반 시민이 지켜야 하는 것도 있다. ▲ 타인의 반려견을 함부로 만져서는 안 되며 보호자에게 먼저 묻는 것이 순서다. ▲ 양해를 구했다 하더라도 개에게 천천히 다가가야 하며 ▲ 큰 소리를 내는 것은 개를 흥분케 할 수 있으니 바람직하지 않다. 또한 ▲ 노란 리본을 한 개는 특정 사유로 개가 예민하거나 접촉을 꺼린다는 뜻이므로 관심을 보이지 않고 지나치는 게 현명하다.

성숙한 반려 문화 정착이 우선

그러나 개의 공격성에 초점을 둔 채 제반 가정의 반려견을 과도하게 통제하는 정책들이 쏟아져 나오는 현실은 지극히 우려스럽다. 국회에서는 '맹견' 통제를 위한 많은 법들이 발의되었고 이 결과 동물보호법은 맹견처벌법으로 변모될 조짐이다.[12] 동물보호법에 '맹견' 정의가 신설되는가 하면[13] '맹견' 출입금지 구역이 생겼고 보호자 관리 책임이 대폭 강화되는 등 법이 동물보호보다

---

12 2017년 하반기에 정부가 소집한 반려견안전관리TF 등의 단위에서 '맹견' 대책이 논의되고 있던 가운데, 같은해 12월 1일 국회 상임위에서 먼저 '맹견' 처벌을 강화하려는 동물보호법 개정안을 통과시켰고, 이는 이듬해 2월 28일 국회 본회의를 통과해 공포를 앞두고 있다.

13 기존 '맹견'은 동물보호법 하위 법령에 있었다.

도 소위 '맹견' 규제에 더 큰 무게를 두게 된 것이다.[14]

정부의 세부 정책 역시 모든 개에 대한 규제로 선회하고 있다. 기존 입마개가 의무화되어 있던 '맹견' 지정 품종을 확대하고 이에 더해 (소형견이 아닌 대부분의 개에 해당될) 체고 40센티미터 이상의 모든 개들을 관리 대상견으로 간주, 이 개들에게까지 입마개 착용을 의무화하는 한편, 외출 시 모든 개들의 목줄을 어디서든 최대 2미터로 제한하고, 안전사고가 일어났을 때 다른 방법이 없을 시 보호자 동의 없이 반려견의 사살 허용 및 공격성 평가에 따른 안락사 등의 내용이 담긴 정책이 나올 전망이며 이와 관련 보호자 준수 사항에 대한 과태료는 대폭 상향됐다.[15]

개물림 사고 예방책으로써 '맹견' 품종 확대 및 관리대상견 체고 기준 설정에는 사실 합당한 근거가 없다. 정부는 보호자 책임과 함께 모든 개에 대한 규제를 일방적으로 강화하면서도 '맹견'에 대한 중성화 의무화라든지 판매를 위한 번식 제한은 도입하지 않는 등 모순적 태도를 드러냈다. 소위 '맹견'이 그토록 위험하다면 번식을 제한하고 아무나 기를 수 없도록 해야 하지 않을까.[16]

그린 챌린지: 한국환경보고서 2018

14   예를 들어 기존 동물보호법 위반 최고 처벌은 동물 학대 행위로 2년 이하의 징역, 2천만 원 이하의 벌금이었다. 그런데 이번 법 개정으로 '맹견' 관리 미준수 사고에 대한 최고 처벌은 기존 동물보호법 최고 형량을 경신, 3년 이하의 징역, 3천만 원 이하의 벌금이다.

15   정부는 동물단체의 반대에도 불구하고 2018년 1월 18일 국무총리 주재로 열린 국정현안점검조정회의에서 이 같은 내용의 반려견 안전관리 대책을 심의 확정한다고 발표했으나, 이후 일부 내용에 대한 대중의 거센 반발에 부딪쳐 반려견안전관리 2차 TF를 소집하는 등 수정을 검토 중이다. 특히 합당한 근거가 없었던 체고 40센티미터 기준은 철회될 것으로 보인다.

16   영국에는 1991년 제정된 '위험한 개에 대한 법'이 있으며 몇몇 특정

우리나라는 누구나 '쉽게' 개를 키울 수 있다. '강아지 공장'에서 태어난 개들이 펫샵에 진열돼 판매되고 있으며 반려동물 산업 육성이 정책적으로 도모되고 있다. 반려견에 대한 중성화 수술이 일반화되어 있지 않기에 펫샵을 통하지 않아도 강아지를 얻기 쉽다. 지자체 시보호소로 집계되는 유기동물들만 연간 10만 마리 안팎으로 이 가운데 절반은 건강한데도 입양 가지 못하고 원치 않는 죽음을 맞는다. 너무 많이 버려지고 너무 많이 죽어 나가는데도 개들은 열악한 환경에서 여전히 너무 많이 '생산'되고 있는 악순환 속에 있다.

2017년 개물림 사고 이슈는 뜨거웠다. 국회와 정부는 성급히 대책을 내놓았지만 사고 예방에 대한 실효성이 얼마나 있을 것인지는 미지수다. 우리가 택한 한 걸음은 '도그 포비아'로 인한 내몰림이었는가, 행복한 반려 생활을 할 수 있는 성숙한 사회로의 일보 전진이었는가. 다시 묻게 된다.

우리가 실천할 수 있는 것

- 반려 생활의 시작은 평생 반려의 각오로 계획을 세운 뒤에!

- 동물은 사지 말고 입양하기

- 개를 키우든, 키우지 않든 기본적인 펫티켓 숙지하고 준수하기

- 반려견, 반려묘 건강검진 및 중성화 수술 실천하기

품종이나 사고 위험이 있는 개들을 위험한 개로 지정, 위험이 있는 개들을 관리해 오고 있다. 이 품종의 개들은 원칙적으로 키울 수 없으나 개가 위험하지 않은 것이 공식적으로 증명되었을 경우 예외 증명서를 발급받아 해당 품종의 개를 키울 수 있다. 이 개들은 무조건 등록 관리 원칙이며 중성화 수술이 필수이고 공공장소에서는 목줄과 입마개 착용이 의무화되어 있다.

출처: 2017년 10대 환경 뉴스

1부 2장

강현수, 「개발주의를 강화하는 현행 중앙집권적 권한 및 재원구조」, 녹색
　　사회연구소, 『제14회 녹색사회포럼 자료집: 개발주의의 작동 메커니
　　즘에 대한 비판』, 2010.

강현수, 「지역이 주도하는 균형발전 정책의 필요성과 과제」, 한국공간환경
　　학회, 『지역발전 2중주―지역균형발전과 지방분권을 향해』, 2017.

국정기획자문위원회, 「문재인정부 국정운영 5개년 계획」, 2017.

녹색사회연구소, 『제14회 녹색사회포럼 자료집』, 2010.

마강래, 『지방도시 살생부』, 개마고원, 2017.

변창흠, 「지방분권과 지역균형발전의 주요 쟁점과 정책과제」, 서울연구원,
　　『지역상생과 지방분권을 위한 이슈와 과제』, 2012.

서울연구원, 「지역상생과 지방분권을 위한 이슈와 과제」, 2012.

송창석, 한겨레사회정책연구소 외, 『6·4 지방선거 '좋은정책' 종합토론회
　　자료집: 민선5기 지방정부의 혁신 정책 및 조례』, 2014. 4. 30.

오윤선, "지역개발공약에 대한 단상", 《경기일보》, 2017. 9. 24.

한국공간환경학회, 「지역발전 2중주―지역균형발전과 지방분권을 향해」, 2017.

참고문헌

1부 3장

NEASPEC, Rason Migratory Bird Reserve: Birds and Habitats, Incheon: UNESCAP ENEA & Hanns Seidel Foundation, 2014.

김미자, 「북한의 환경정책과 남북한 환경협력강화방안─그린데탕트를 위하여」, 환경정책 23(3), 2015.

맥키넌 J, 베르쿠일 Y.I & 머레이 N., 「동아시아 및 동남아시아의 조간대 서식지에 대한 세계자연보전연맹 상황분석─발해만을 비롯한 황해를 중심으로」, 세계자연보전연맹 종생존위원회 비정기간행물 47호, 스위스 글랜과 영국 캠브리지: IUCN, 2012.

박상현·이정석·강택구, 「대북 환경협력 추진을 위한 남북한 협력과 국제기구 활용」, 『국제지역연구』 18(5), 2015.

정종렬, 「조선 안변의 두루미서식 현황과 한반도 두루미 생태통일 방안」, 『2017 철원두루미국제심포지움 'DMZ두루미와 철원농부의 공생방안' 심포지움(2017년 12월 8일) 자료집』, 2017.

정종렬·모리시다 쯔요시, 『동아세아지역의 두루미류의 중요서식지 보호계획보고서』, 도쿄: 재단법인 일본야조회, 1996.

1부 4장

고재경, 「환경복지에 대한 이해와 과제」, 2014. 7. 29.

고재경·김동영·이양주·강상준·이정임·송미영, 「미래의 복지는 환경복지」, 『이슈&진단』, 경기개발연구원, 2012.

고정근, 「에너지 빈곤과 환경정의」, 『청소년을 위한 대한민국 환경정의 보고서』, 환경정의연구소, 2013.

기후행동연구소, 「폭염이 서울시 쪽방촌 독거노인에게 미치는 건강영향 조사」, 2010.

김홍균, 「환경위험에 있어서의 불평등해소방안: 환경정의」, 《인권과 정의》, 2013. 2.

녹색사회연구소, 이슈브리핑, "일회용 생리대에 함유된 유해성분과 여성 건강", 2017. 10. 10.

유정민, 「원전시설과 환경정의」, 『청소년을 위한 대한민국 환경정의 보고 서』, 한경정의연구소, 2013.

윤남희, 「2℃가 가져온 위험: 기후변화, 이제는 빈곤과 불평등의 문제로」, 2014. 4. 7.

이강준, 「핵발전 노동과 안전」, 2017. 7. 29.

이정필, 「에너지 빈곤의 현황과 에너지복지를 위한 과제」, 2017. 9. 1.

최경호, 「살충제 달걀에서 발암물질 생리대까지─케모포비아 현상에서 무 엇을 배울 것인가」, 『그린챌린지: 한국환경보고서 2018』, 알렙, 2018.

2부 1장

마이클 허크, 『도시경관생태론』, 오구균 외 옮김, 기문당, 2006.

서울특별시, 「2015 서울시 도시생태현황도 정비─2차년도」, 2015.

서울특별시, 「생태기반지표의 도시계획 활용방안」, 2004.

송파구, 「송파나루근린공원 수질·수위개선 및 명소화 기본계획」, 2015.

인천광역시, 「도시생태현황지도 작성 및 GIS 구축」, 2014.

2부 4장

김한수, 「경기도 장기 미집행 도시공원 현안과 대응방안」, 경기연구원, 『장 기 미집행 도시공원 실효방안 토론회 자료집』, 2016.

박문호, 「도시공원일몰제 대응」, 도시공원일몰제 대응 시민행동, 『도시공원 일몰제 대응 전략 워크숍 2차 자료집』, 2017.

생명의 숲, 「도시공원 거버넌스 구축을 위한 시민인식 조사 및 역할 연구」, 2014.

신재욱, 「장기미집행 도시공원의 보상제도 개선에 관한 연구」. 2014.

4부 2장

김성균, 「살충제 계란, 발암 생리대 위해성 논란에서 배울 것들」, 『보건학논집』, 서울대학교 보건환경연구소, 2017, 54(2).

최경호, 「생활환경 화학물질 보건 문제와 정책 제언」, 『보건학논집』, 서울대학교 보건환경연구소, 2017, 54(2).

4부 3장

한국환경정책평가연구원, 「미세먼지의 노출위험인구 산정」, 2017.

환경부, 「미세먼지 관리 종합대책」, 2017.

환경부, 보도자료, "실내공기질 간이 측정제품… 정확도 떨어져", 2014.

4부 4장

김남훈 외, 「폴리스티렌 식품용기로부터 증류수로 용출되는 휘발성유기화합물의 분석」, 서울특별시 보건환경연구원, 2010.

찰스 무어 · 커샌드라 필립스, 『플라스틱 바다』, 바다출판사, 2013.

환경부, 보도자료, "환경부 '3월 20일부터 1회용 컵 보증금제도 폐지'", 2008. 3.

4부 5장

안병옥, 「한국의 4대강 이렇게 살리자」, 『녹조라떼 드실래요』, 주목, 2016.

이철재, 「4대강 사업 누가 찬동했나?」, 『녹조라떼 드실래요』, 주목, 2016a.

이철재, 「4대강 찬동 언론」, 『녹조라떼 드실래요』, 주목, 2016b.

이철재, 「경험적 관점으로 본 4대강 저항운동」, 『한국환경사회학회 2017년 국제학술대회 및 추계학술대회』, 2017.

4부 8장

USFK, 「주한미군 환경관리기준 Environmental Governing Standard」, 2012.

데이비드 바인, 『기지국가』, 갈마바람, 2017.

메도루마 슌, 『오키나와의 눈물』, 논형, 2013.

서울시, 「2016년 녹사평역 주변 유류오염 지하수 확산방지 및 정화용역」, 2016.

정욱식, 『사드의 모든 것』, 유리창, 2017.

한만송, 『캠프마켓』, 봉구네책방, 2013.

4부 9장

김남영, 「트럼프 충격 이후, 누가 기후변화 선도국?」, 《레디앙》, 2016. 11. 18.

김현우, 「트럼프 시대, 캘리포니아 '독립' 시나리오」, 《프레시안》, 2016. 11. 14.

리처드 스미스, 「중국은 기후변화에 대응할 수 있을까」, 《녹색평론》 158호, 2018년 1-2월.

참고문헌

박인규, 「미국의 쇠퇴와 그 이후」, 《녹색평론》 158호, 2018년 1-2월.

4부 10장

American Veterinary Medical Association, Literature Review on the Welfare Implications of the Role of Breed in Dog Bite Risk and Prevention, May 15, 2014.

한국자연환경연구소, 「2017년 동물보호에 대한 국민의식조사 결과보고서」, 농림축산식품부, 농림축산검역본부, 2017년 12월.

https://ekara.org/activity/kara/read/9347

https://www.dogsbite.org/dog-bite-statistics-fatalities-2016.php

그린 챌린지: 한국환경보고서 2018

1판 1쇄 발행 2018년 3월 22일

지음 | 녹색사회연구소
편집 | 박정운, 임성희
디자인 | 호야디자인

편집위원

강찬수 중앙일보 환경전문기자, 논설위원
남상민 UNESCAP 동북아사무소 부소장
유현상 녹색사회연구소 연구위원, 숭실대학교 초빙교수
윤상훈 녹색연합 사무처장
이상헌 녹색사회연구소 연구위원, 한신대 교수
정명희 녹색연합 협동사무처장
최승국 녹색사회연구소 이사, 태양과바람에너지협동조합 상임이사
최종덕 녹색사회연구소 소장, 상지대 교수
한재각 녹색사회연구소 연구위원, 에너지기후정책연구소 부소장

펴낸이 | 조영남
펴낸곳 | 알렙

출판등록 | 2009년 11월 19일 제313-2010-132호
주소 | 경기도 고양시 일산서구 중앙로 1455 대우시티프라자715
전자우편 | alephbook@naver.com
전화 | 031-913-2018, 팩스 | 02-913-2019

(사)녹색연합부설녹색사회연구소
주소 | 서울특별시 성북구 성북로 19길 15
홈페이지 | www.greenkiss.org
전화 | 02-747-3339, 팩스 | 02-766-4180

ISBN 978-89-97779-97-0 03300

* 책값은 뒤표지에 있습니다. 잘못된 책은 바꾸어 드립니다.